왕초짜
여행
프랑스어

Air France

KB072271

동인랑

여러분의 외국어 학습에는 언제나 *(주)동인랑*이 성실한 동반자가 되어줄 것입니다.

여행을 떠나기 앞서...두배의 즐거움~ 2024 파리 올림픽!

우리말 발음이 함께 있는 아주 쉬운 여행 프랑스어!

큰 맘 먹고 떠나는 프랑스 여행!
낯선 나라에 대한 호기심과 즐거움 보다는 덜컥 겁부터 먼저 나지는 않나요? 게다가 '**얼마입니까?**', '**이건 무엇입니까?**', '**더 주십시오**' 와 같은 간단한 말을 못해 소중한 나의 첫 해외여행이 엉망이 되지는 않을지 걱정되고, 갑자기 아프기라도 한다면...

이렇게 많은 걱정거리를 없앨 수 있는 가장 간단한 방법은 그 나라의 말을 할 수 있으면 됩니다. 하지만 얼마 남지 않은 해외여행! 아무리 학원을 다니고 공부를 한다 해도 한마디 말도 할 수 없는 것이 뼈아픈 현실!
시간 없어도 보람찬 프랑스 여행을 원하는 여러분을 위해 우리말 발음이 함께있는 **왕초짜 여행 프랑스어**를 준비했습니다.

이 책은 **처음 프랑스 여행을 떠나는 분**들을 위해 정성들여 만든 여러분의 파트너이자 여행길의 벗입니다.

이 책을 보면서 자신 있게 도전해 보세요! 낯선 곳에 대한 불안감은 사라지고 생각지 않은 즐거움을 두배로 느낄 수 있습니다.

끝으로, 이 책에 사용된 프랑스어 문장은 원만한 의사소통을 위해 뜻이 통하는 한도내에서 가능한 짧은 문장위주로 실었습니다.
가능한 비슷하게 우리말 발음을 적어놓았으나 원어민의 발음과는 다소 차이가 있을 수 있습니다. 이럴때는 책의 문장이나 단어를 손으로 가리키세요!!

| 이 책의 특징

1. 처음 프랑스 여행을 떠나는 분들을 위한 왕초짜 여행 프랑스어

프랑스 여행에 많은 경험과 노하우를 가진 선배 여행자들이 왕초짜 여행자들에게 필요한 문장들만 콕콕 찍어 만든 필수 여행 회화서이다. 처음으로 프랑스 여행을 떠나는 분들의 두려움은 줄고, 즐거움은 커지도록 알차게 만들었다.

2. 해외여행시 꼭 필요한 문장들만 수록 – 우리말 발음이 있어 편리

여행에 꼭 필요한 문장들을 현지인이 알아들을 수 있는 한도내에서 가능한 짧은 문장들로 구성했다. 또한 우리말 발음이 함께 적혀있어 자신있게 말할 수 있다.

3. 상황에 따라 쉽게 검색해 쓰는 여행 프랑스어 회화

여행에서 마주칠 수 있는 상황들을 장면별로 나누고, 바로 바로 찾아 쓰기 쉽게 검색기능을 강화하였다. 프랑스어 회화에 자신이 없다면 검색해서 손가락으로 문장을 가리키기만 해도 뜻이 통한다.

4. 도움되는 활용어휘, 한국어–프랑스어 단어장

한국어–프랑스어 단어장이 가나다순으로 뒷편 부록에 실려 있어, 이 부분만 따로 분리해 휴대하여 가지고 다녀도 안심!

5. 휴대하기 편한 포켓사이즈

여행시에는 작은 물건이라도 짐이 되는 경우가 많다. 이 책은 휴대하기 편한 포켓사이즈라 짐도 되지 않고, 주머니 속에 쏙 들어가므로 휴대하기 편하다.

출국

입국

전화

긴급

귀국

부록

RENSEIGNEMENTS
알아둡시다

해외 여행을 가고자 하는 국가에 대한 일반적인 정보를 알아보고 여행 목적에 알맞게 계획을 수립해야 재미있고 여유있는 여행을 즐길 수 있다.

여권 Passeport 파스포흐

해외여행 중 여행자의 신분을 국제적으로 증명할 수 있는 신분증이다. 국외에 체류하는 동안 반드시 휴대하여야 한다. 전국 240여개의 여권 발급 기관에서 발급해주며, 여권 신청은 본인이 직접 방문하여 신청하여야 한다.

각 여권 발급 기관은 외교부 여권안내 홈페이지
http://www.passport.go.kr/issue/agency.php 를 참조할 것

우리나라에서는 2008년 8월부터 신원 정보면의 내용을 칩에 한 번 더 넣어 보안성을 강화한 전자여권을 도입하였다.

비자 Visa 비자

여행하고자 하는 상대국에서 입국 허가를 공식적인 문서로 허용하는 것으로 해당국의 대사관이나 영사관에서 여권에 기재해 주는 것이다. 프랑스의 경우, 비자면제협정에 의하여 90일 이내 단기방문 목적의 체류시 비자 없이 입국이 가능하다.

환전 Change 상쥬

출국하기 전에 미리 은행이나 공항의 환전소에서 Euro유로로 바꾸는 것이 좋다. 고액을 바꾼다면 분실 시에도 안전한 Traveler's check여행자수표를 준비하는 것이 좋고, 현금은 고액의 지폐보다 소액으로 마련하는 것이 사용하기 편리하다.

🐸 신용카드 Carte de credit 까르뜨 드 크레디

국내의 Visa 비자, Master 마스터 카드 등의 국제카드는 프랑
스에서도 사용할 수 있으며 여행 기간과 은행 결제일이 겹치
는 경우에는 미리 사용한 대금을 예금하고 떠나도록 한다. 대
금 결제는 국내에서 환율을 환산하여 결제한다.

🐸 항공권 Ticket d'avion 티케 다비옹

여행사에서 단체로 가는 경우에는 문제가 없으나 개인 출발
이라면 출발전에 반드시 예약을 재확인 하는 것이 좋다. 개인
출발시 항공권의 가격은 회사별로 차이가 많이 나며 전문여
행사를 이용하고 직항노선보다 경유노선을 취항하는 항공편
의 가격이 훨씬 저렴한 편이다.

유스호스텔회원증
CARTE DE MEMBRE DEL'AUBERGE DE JEUNNESSE

철도패스   EURAILPASS

국제운전면허증 PERMIT DE CONDUIRE INTERNATIONAL

국제학생증   CARTE D'ETUDIANT INTERNATIONAL

해외여행보험 ASSURANCE DE VOYAGE A L'ETRANGER

여행자의 필요에 따라 위의 회원증이나 패스를 미리 구입하
거나 핸드폰 어플(앱)을 이용하면 프랑스에서 각종 할인이나
혜택을 받을 수 있다. 이런 패스들은 외국 관광객을 위한 것
이므로 국내에서 구입하거나 필요에 의해서 예약을 해놓아야
한다.

준비물

아래의 체크 리스트는 해외 여행시 필요한 일 반적인 준비물이다. 각자의 상황에 맞게 참고 하여 빠진 것 없이 꼼꼼히 준비하도록 하자.

	품 목	Y	N
필수품 귀중품	·여권	☐	☐
	·현금 현지화폐	☐	☐
	·현금 달러	☐	☐
	·신용카드해외용	☐	☐
	·항공권, 항공사 앱	☐	☐
	·비상약품	☐	☐
	·시계	☐	☐

※ 위의 서류들은 꼭 별도로 번호와 발행처를 메모하거나 복사해 둔다.
※ 프랑스에서는 의사처방전으로 구입할 수 있는 약과 처방적없이 구입할
  수 있는 약이 있다. 그러므로 비상약품은 꼭 준비해 간다.
※ 유로는 1·2·5·10·20·50 유로쌩띰, 1·2유로의 8종류의 동전과
  5·10·20·50·100·200·500 유로의 7종류의 지폐가 있다.

	품 목	Y	N
선택	· 유스호스텔 회원증	☐	☐
	· 국제 학생증	☐	☐
	· 국제 운전면허증	☐	☐
	· 여권용 증명사진 2매	☐	☐
	· 타월, 칫솔, 치약, 빗, 면도기	☐	☐
	· 멀티어댑터, 메모리카드	☐	☐
	· 화장품, 생리용품	☐	☐
	· 옷, 신발, 우산, 선글라스	☐	☐
	· 카메라, 핸드폰 배터리	☐	☐
	· 여행 안내 책자, 지도, 구글맵	☐	☐
	· 바느질용품	☐	☐
	· 계산기	☐	☐
	· 김, 김치, 고추장	☐	☐
	· 필기도구, 메모지	☐	☐

※ 증명사진은 여권 재발급시 필요하다.

※ 1회용품칫솔, 치약, 면도기 등은 제공되지 않는 곳이 대부분이므로 준비해 간다.

※ 장기간 여행객이라면 밑반찬을 밀봉된 병이나 팩에 넣어서 휴대한다.

프랑스에 대해

프랑스라고 말하면 우선 파리라는 도시가 먼저 머리에 떠오른다.
그러나 파리는 이레 드 프랑스_{프랑스섬}이라고 불리우는 한 지역에 지나
지 않는다. 세느강을 비롯한 여러개의 강과 울창한 숲에 둘러싸인 각지
에 왕과 귀족들이 건축한 성이 화려한 모습을 뽐내는 파리에는 많은 관
광객에게 매력이 있지만 다른 지방에도 여러 가지 개성이 있다.

★ **국명**_   La République Français 프랑스 공화국

★ **수도**_   Paris 파리, 서울의 1/6

★ **인구**_   약 6,780만명 파리-약 213만명(2022년 1월현재)

★ **언어**_   프랑스어 큰 호텔이나 레스토랑 관광안내소 외에
                영어는 거의 사용되고 있지 않음

★ **종교**_   카톨릭 전체의 83%를 차지

★ **나라형태**_   공화제 1958년 드골에 의해 제 5공화국 발족

★ **지세**_   남동부 – 알프스산맥   중부 – 평야지대
                북서부 – 도바해협   서부 – 대서양
                남부 – 지중해와 연결되어 있다

★ **시차**_   한국시간 –8시간
                한국이 정오이면 프랑스는 오전 4시.
                단 3월 마지막 주 일요일~10월 마지막 주 일요일까지는
                섬머타임이기 때문에 시차는 '–7시간'이 된다

★ **통화**_   유로(Euro)

🐼 기후와 복장

파리는 해양성기후의 영향을 받은 대륙성기후로 비교적 온난하다. 서울에 비하면 평균기온은 5℃전후로 낮고, 한여름에는 30℃를 넘는 곳도 있지만 습기가 없기 때문에 불쾌지수는 그다지 높지 않다. 관광하기에 적당한 계절은 여름을 중심으로하여 봄에서 가을까지이다. 단 바겐세일이나 오페라, 콘서트 등을 즐길 수 있는 겨울의 매력도 빼놓을 수 없다. 겨울에 여행을 하는 경우에는 두꺼운 코트, 다운파카 등이 필요하다. 다른 계절에도 아침저녁으로 기온이 내려가는 경우도 있으므로 가디건이나 쉐타를 가지고 가는 것이 좋다. 비는 자주 오지는 않지만 그래도 우산은 꼭 가져가자.

🐼 팁

프랑스에서는 호텔이나 레스토랑, 택시 등에서 팁을 건네주는 것이 관행이다. 팁을 주는 기준은 다음과 같다.

· 호텔-요금에 서비스요금이 포함되어 있지만, 팁을 건네주는 것이 보통이다. 짐꾼(porter)에게는 짐 하나당, 룸서비스(Room Service)나 룸메이드(Room made)에게는 1박에 1~2유로를 배게 밑이나 베드사이드테이블에 놓아둔다.
· 택시-요금의 10~15%
· 레스토랑-대개 계산서에 봉사료가 포함되어 있으므로 별도의 팁을 남기지 않아도 괜찮지만 통산 잔돈을 남겨놓는 것이 관행이다.
· 계산원-호텔이나 극장에서 코트나 짐을 맡기면 양에 맞춰서 5~10%를 주면 된다.

🐼 영업시간과 휴일

식당을 제외한 공공기관의 영업 종료시간은 16~17시, 일반 상점은 19시~19시 30분이므로, 이른 영업 종료시간에 유의해야 한다.
· 은행: 월~금요일(9:00~12:00 및 14:00~16:00) 토 · 일요일 휴무
· 우체국: 월~금요일(8:00~19:00), 토요일(8:00~12:00)

🔌 전압주파수

전압은 220~230v, 주파수는 50Hz.(한국은 보통 60Hz이다.)

🔌 주요 공휴일

★ 신년	1월 1일
★ 부활절*	4월 첫째 or 둘째주*
★ 노동절	5월 1일
★ 승전 기념일	5월 8일
★ 승천일*	5월 or 6월 중*
★ 성령강림일*	5월 or 6월 중*
★ 혁명기념일(파리제)	7월 14일
★ 성모 피승천일	8월 15일
★ 모든 성인의 날(만성절)	11월 1일
★ 휴전 기념일	11월 11일
★ 성탄절(크리스마스)	12월 25일

*표시는 매년 날짜가 바뀐다.

🔌 6-7월 마레지역 페스티발

연극이나 영화, 콘서트 등 다채로운 행사.
★ 6월 파리공항쇼(브레쥬 공항)
★ 6월 파리 그랑프리레이스(롱샹경마장)
★ 6월말~7월 프랑스 전 국토를 달리는 자전거 경주
★ 7월 14일 파리제 퍼레이드와 불꽃놀이, 각종 이벤트
★ 7~9월 분수와 불꽃쇼(베르사이유)
★ 10월 첫 번째 토요일 포도 수확제(몽마르뜨에 포도원)
★ 12월 24일 크리스마스미사(각 교회)

긴급상황

😎 여권분실

여권 분실시 프랑스의 한국대사관 ☎ 대표번호 01-4753-0101(주간), 당직번호 06-8028-5396(야간, 휴일)에 연락하고 방문하여 여행증명서를 발급받거나 긴급 여권을 발급받는다. 여권용 사진 2매 을 휴대하고 만일을 위하여 여권번호는 복사해두거나 반드시 메모해 둔다.

> **분실시 준비서류**
>
> · 여권사본 또는 사진이 들어있는 각종 신분증
> · 여권용 사진(3.5cm×4.5cm) : 사진은 대부분의 기차역 또는 지하철역에 있는 즉석사진기에서 촬영이 가능하다.
> · 경찰리포트 : 경찰리포트(피해신고접수증)는 분실장소에서 가까운 경찰서에서 할 수 있다.
> · 수수료 : 여행자증명서 23.5유로 / 단수여권 49.82유로
> (인도적사유 서류제출시 18.80유로 2023년 기준)

😎 신용카드분실

한국의 해당 카드회사에 전화하여 직접 분실신고를 하는 것이 가장 안전하다.

분실신고 연락처_서울

비씨카드 82-2-330-5701	삼성카드 82-2-2000-8100
신한카드 82-1544-7000	씨티카드 82-2-2004-1004
우리카드 82-2-2169-5001	하나카드 82-2-3489-1000
현대카드 82-2-3015-9000	KB국민카드 82-2-6300-7300
농협카드 82-2-6942-6478	롯데카드 82-2-2280-2400

📀 항공권분실

항공사의 대리점에 가서 재발급 신청을 하면 항공사는 본사에 연락하여 발급 여부를 확인해 준다. 시간이 급할 때는 별도의 항공권을 구입한 후 귀국 후에 조회하여 환불받을 수 있으며, 이 때에는 현지에서 발급 받은 분실(도난)증명서가 필요하다.

📀 소매치기

· 가능한 한 여행자 수표를 사용하고 필요한 만큼의 현금과 신용카드를 사용한다. 현금을 밖으로 내보이지 않는다.
· 오토바이를 타고 뒤에서 접근하는 경우도 많다.
· 핸드백이나 가방은 뒤로 매거나 손에 들고 다니지 말고 팔 밑이나 몸 앞쪽으로 매도록 한다.
· 공중화장실에서는 문고리에 핸드백을 걸어 놓지 말고 옆에 둔다.

📀 교통사고

먼저 경찰서로 연락하고, 경찰서에서 꼭 사고 증명서를 받아 놓도록 한다. 보험 청구 시에 꼭 필요하다.
그리고 잘못이 확실히 가려질 때까지 'Je suis désolé(e). 쥬 쒸 데졸레 미안합니다.' 라는 말을 사용하지 않도록 하고 잘못이 없을 때는 강력히 'C'est pas ma faute. 세 파마 포트 제 잘못이 아닙니다.' 라고 말한다.

📀 해외여행보험

해외여행 도중 불의의 사고로 인한 재난을 미리 대비한 해외 여행보험에는 상해보험과 질병보험, 항공기 납치, 도난보상보험 등이 있다. 보험 가입은 개인의 경우 각 공항에서 비행기탑승 전에 가입하면 되고 여행사에서 취급하는 해외여행 상품을 이용할 경우는 대부분이 보험료가 포함되어 있으므로 별도로 가입할 필요는 없다.

기본 표현

인사 소개

프랑스에서 현지인들과 마주치면 아는 사람이 아닐지라도 먼저 웃으면서 'Bonjour 봉쥬흐' 라고 인사말을 건네고 헤어질 때는 'Au revoir 오 흐브와흐' 라고 하면 된다. 사람을 소개로 처음 만났을 때 'Enchant(é)? 앙샹떼' 라고 인사한다.

안녕!	쌀뤼 Salut!
안녕하세요?(아침,점심)	봉쥬흐 Bonjour.
안녕하세요.(저녁)	봉수와흐 Bonsoir.
안녕하세요?	꼬멍딸레부 Comment allez-vous?
잘 지냈습니다. 고맙습니다	쥬 배 비엥, 메흐씨 Je vais bien, merci.
이쪽은 스미쓰씨입니다.	쎄 무씨외 스미뜨 C'est Monsieur Smith.
처음 뵙겠습니다.	엉성떼 Enchanté(e).
만나게 되어 반갑습니다.	쥬쒸 하비 드 패흐 보트흐 꼬내썽쓰 Je suis ravi(e) de faire votre connaissance.
또 만납시다.	아 비앙또 A bientôt.
행운을 빕니다.	본느 성쓰 Bonne chance.
제 이름은 민수입니다.	쥬 마뻴 민수 Ju Mápplle Min-su.

상대방의 질문에 대한 답은 크게 긍정과 부정 2가지로 나뉘어 진다. 특히 주의해야 할 것은 부정으로 'Vous n'êtes pas~?' 부 네 뜨빠 : ~이 아닙니까?' 라고 물었을 때 우리말과 전혀 다르게 'Oui 위' 가 '아니오' 라는 뜻이 되고, 'Non 농' 이 '예' 라는 뜻이 된다.

대답
긍정/부정

정말입니까?	쎄 브해 C'est vrai?
예.	위 Oui.
아닙니다.	농 Non.
그래요?	아봉 A bon?
좋은 생각이군요.	쎄 뛴 보니데 C'est une bonne idée.
할 수 없습니다.	쥬 느 뿌 빠 Je ne peux pas.
기꺼이 하겠습니다.	아베끄 쁠레지흐 Avec plaisir.
다시 한번 말해 주십시오.	빠흐동 Pardon?
아니요, 괜찮습니다.	농 메흐씨 Non merci.
충분합니다.	싸 쒸피 Ça suffit.

감사 사죄

다른 사람의 친절에 감사할 때 가장 많이 쓰이는 표현이 'Merci 메흐씨'이다. 양해를 구할 때는 'Je suis désolé(e)쥬 쒸 데졸레'보다는 'Excusez- moi 엑스뀌제 무와'라고 한다.

고맙습니다 .	메흐씨 **Merci.**
도와 주셔서 감사합니다.	메흐씨 뿌흐 보트흐 애드 **Merci pour votre aide.**
⇨ 천만에요.	드 히앙 ⇨ **De rien.**
시간을 내주셔서 고맙습니다.	메흐씨 뿌흐 보트흐 떰 **Merci pour votre temps.**
죄송합니다.	빠흐동 **Pardon.**

* 길가다가 부딪히거나 하는 정도의 가벼운 사과는 pardon이란 표현이 더 자연스럽다.

죄송합니다.	쥬 쒸 데졸레 **Je suis désolé(e).**
일부러 그런 것은 아닙니다	쥬 느 래 빠 패 빠 엑쓰프해 **Je ne l'ai pas fait(e) exprès.**
⇨ 괜찮습니다.	쎄 빠 그하브 ⇨ **C'est pas grave.**
⇨ 신경쓰지 마십시오.	싸 느 패 히앙 싸 바 ⇨ **Ça ne fait rien./Ça va**
실례합니다.	엑쓰뀌제 무와 **Excusez-moi.**

남에게 부탁을 할 때는 'S'il vous plaît 씰 부 쁠레 : 제발(약자 S.V.P.)' 을 이용하여 간단한 부탁표현을 사용하기도 하고 'Voulez -vous? 불레-부 : ~하시겠습니까?' 와 같은 정중한 표현을 쓰기도 한다.

부탁

여보세요.	엑쓰뀌제 무와 Excusez-moi.
도와주시겠습니까?	뿌베 부 메데 Pouvez-vous m'aider?
함께 해도 될까요?	쥬 뿌 해스떼 아베끄 부 Je peux rester avec vous?
잠시 봐도 될까요?	쥬 뿌 르(라) 부와흐 앵 뿌 Je peux le(la) voir un peu?
들어가도 될까요?	쥬 뿌 정트해 Je peux entrer?
⇨ 좋습니다.	빠드 프호블램 ⇨ Pas de problème.
⇨ 네, 물론입니다.	비앵 쉬흐 ⇨ Bien-sûr.
⇨ 죄송하지만, 안됩니다.	쥬 쒸 데졸레, 메 쎄 빠 뽀씨블 ⇨ Je suis désolé(e), mais c'est pas possible.
담배를 피워도 될까요?	쥬 뿌 퓌메 Je peux fumer?
물을 주십시오.	드로, 씰 부 쁠래 De l'eau, s'il vous plaît.

희망

자신의 바램이나 희망을 나타내기 위해 'Je voudrais~ 쥬 부드해~'와 같은 문장을 이용한다. 원하지 않을 때는 'Je ne veux pas~ 쥬 느 부 빠~'의 문장을 사용하여 말한다.

가져도 됩니까?	쥬 뿌 르(라) 프헝드흐 Je peux le(la) prendre?
만져 봐도 됩니까?	쥬 뿌 르(라) 뚜쉐 Je peux le(la) toucher?
영화를 보고 싶습니다.	쥬 부드해 부와흐 앵 필므 Je voudrais voir un film.
잠자고 싶습니다.	쥬 부드해 도흐미흐 Je voudrais dormir.
혼자 있고 싶습니다.	쥬 부드해 애트흐 쐴 Je voudrais être seul(e).
빨리 회복되기를 바랍니다.	제스페흐 끄 부 스헤 게히 비앙또 J'espère que vous serez géri(e) bientôt.
가고 싶지 않습니다.	쥬 느 부 빠 이 알레 Je ne veux pas y aller.
무엇을 드시고 싶습니까?	께스끄 부 불레 프헝드흐 Qu'est-ce que vous voulez prend
커피를 마시고 싶습니다.	쥬 부드해 앵 까페 Je voudrais un café.
카메라를 사고 싶습니다.	쥬 부드해 아슈떼 아빠헤일 뽀또 Je voudrais acheter a paréil(de) photo.

제안을 할 때는 'Voulez-vous~ 불레~부 ~?:~하는 게 어때요?' 라는 구문을 이용하여 말하고, 이에 대한 대답으로는 'D'accord 다꼬흐 :좋아요' 나 'Non, je ne veux pas 농, 쥬 느 부 빠 : 그러고 싶지 않습니다' 로 대답한다.

제안
충고

한잔하시겠습니까?	불레 부 부와흐 앵 뽀 Voulez-vous boire un pot?
각자 계산합시다.	뻬이용 쎄빠헤멍 Payons séparément.
⇨좋은 생각입니다.	쎄 뛰느 보니데 ⇨C'est une bonne idée.
식사하러 가시겠습니까?	불레 부 쏙띠흐 멍줴 Voulez-vous sortir manger?
⇨갑시다.	오니바 ⇨On y va.
오늘밤에 만납시다.	헝꼬트홍 쓰 쓰와흐 Rencontrons ce soir.
연주회에 가시겠습니까?	불레 부 알레 오 꽁쎄흐 Voulez-vous aller au concert?
⇨그다지 나쁘진 않군요.	쎄 빠 말 ⇨C'est pas mal.
침착하십시오.	데떵데 부 Détendez-vous.
진정하십시오.	깔메 부 Calmez-vous.

약속

남의 집을 방문 할 때는 미리 약속을 하고 가고, 간단한 선물을 준비하면 좋으며 약속 시간에 늦지 않도록 한다.

약속을 정할 때는 시간이나 장소 등이 혼동되지 않도록 정확하게 확인을 해야 한다.

내일 만날 수 있습니까?	옹 뿌 쓰 부와흐 드맹 On peut se voir demain?
어디에서 만날까요?	옹 베하 우 On verra où?
⇨ 극장앞에서 만납시다.	엉 파쓰 드 떼아트흐 ⇨ En face de théâtre.
댁을 방문하고 싶군요.	쥬 수에뜨 브니흐 쉐 부 Je souhaite venir chez vous.
⇨ 좋습니다.	위, 아베끄 쁠레지흐 ⇨ Oui, avec plaisir.
몇 시가 좋습니까?	부 불레 브니흐 아 껠레흐 Vous voulez venir à quelle heure?
⇨ 언제라도 좋습니다.	쎄 꼼 부 불레 ⇨ C'est comme vous voulez.
⇨ 5시가 좋습니다.	아 쌩 꾀흐 ⇨ A 5 heures.
3월 28일입니다.	쎄 르 뱅뜨위뜨 마흐쓰 C'est le 28 mars.
그 때 봅시다.	아 비앵또 A bientôt.

프랑스인에게는 개인의 신상에 관한 일과 결혼 유무를 묻는 것은 우리와 달리 에티켓에 어긋나므로 직설적으로 묻지 않는다.

질문
신상

기본
표현

인사
소개
대답
감사
사죄
부탁
희망
제안
충고
약속
질문
가격
숫자
시간
가족
대명사

신상	꼬멍 부자뻴레 부
성함이 무엇입니까?	Comment vous appelez-vous?
⇨저는 홍길동입니다.	쥬 마뻴 홍길동 ⇨ Je m'appelle Hong Gil-dong.
몇 살이십니까?	껠 아주 아베 부 Quel âge avez-vous?
⇨스물일곱입니다.	줴 뱅 쎄떵 ⇨ J'ai 27 ans.
무슨 일을 하십니까?	께스끼 부 패뜨 덩 라 비 Qu'est-ce que vous faites dans la vie?
방법 무엇을 타고 오셨습니까?	꼬멍 에드 부 브뉘 Comment êtes-vous venu?
⇨비행기를 타고 왔습니다	어나비옹 ⇨ En avion.
이것은 어떻게 사용합니까?	꼬멍 싸 마쉬 Comment ça marche?
⇨이렇게 하십시오.	부 패뜨 꼼 싸 ⇨ Vous faîtes comme ça.
여행은 어땠습니까?	꼬멍 에때 보트흐 부와야쥬 Comment était votre voyage?

질문
장소

어디서 오셨습니까?	부브네 두 **Vous venez dóu?**
⇨저는 한국에서 왔습니다.	쥬비앙드 꼬헤 뒤 쉬드 ⇨ **Je viens de corée du sud**
어디에서 왔습니까?	두브네 부 **D'où venez-vous?**

⇨한국의 서울에서
  왔습니다.
	쥬비앙드 쎄율, 꼬헤 뒤 쉬드
	⇨ **Je viens de Séoul, Corée du
	  sud.**

꼬헤 뒤 쉬드
· 남한 Corée du Sud

꼬헤 뒤 노흐
· 북한 Corée du Nard

* 한국인이라고 하면 남한에서 왔는지
  북한에서 왔는지 물어보는 경우가 많다.

저는 한국인입니다.	쥬 쒸 꼬헤엉/꼬헤엔느 **Je suis coéen(ne)**
어디로 가야 합니까?	우 두와 쥬 알레 **Où dois-je aller?**
여기가 어디입니까?	쥬 쒸 우 맹뜨넝 **Je suis où maintenant?**
어디로 가십니까?	부잘레 우 **Vous allez où?**

질문
시간

지금 몇 시입니까?	깰 외흐 에띨 Quelle heure est-il?
⇨2시 40분입니다.	일래 두죄흐 까헝뜨 ⇨Il est 2 heures 40.
몇 일입니까?	르 꽁비앙 솜므 누 Le combien sommes-nous?
언제 떠나십니까?	부 빠흐떼 껑 Vous partez quand?
무슨 요일입니까?	누 쏨 꿸 쥬 Nous sommes quel jour?

가격

가게나 식당 등에서 계산을 할 때 알아야 할 필수적인 표현들을 알아보자. 대부분 정찰제로 판매되지만 경우에 따라 벼룩시장 같은 곳에서는 할인을 받을 수 있는 곳도 많이 있다.

얼마입니까?	싸 꾸뜨 꽁비앵 **Ça coûte combien?**
⇨15유로입니다.	싸 패 깽즈 위호 ⇨ **Ça fait 15 euros.**
비쌉니다.	쎄 쉐흐 **C'est cher.**
할인해 주십시오.	패뜨 무와 위 윈느 헤딕씨옹 **Faites-moi une réduction.**
예산이 얼마입니까?	부 자베 꽁비앵 다흐정 **Vous avez combien d'argent?**
⇨10유로입니다.	디 위호 ⇨ **10 euros.**
영수증을 주십시오.	도내 무와 라디씨옹 **Donnez-moi l'addition.**
거스름돈이 틀립니다.	싸 느 꼬헤스뽕 빠 오 깔뀔 **Ça ne correspond pas au calcul.**
팁이 포함됐습니까?	르 쎄흐비쓰 에 꽁프히 **Le service est compris?**
(30%)할인된 가격입니까?	쎄 르 프히 쏠데 아베끄 뜨항뜨 푸썽 **C'est le prix soldé (avec 30%)?**

해외여행에서 가장 신경쓰이는 것이 금전에
관한 문제이다. 가게나 식당 등에서 계산을
할 때 알아야할 필수적인 표현들을 알아 보
자. 대부분 정찰제로 판매되지만 경우에 따
라 할인을 받을 수 있는 곳도 많이 있다.

숫자

	숫자	NUMBER	
0	영	zéro	제호
1	첫번째	un(e)/premier(ère)	앵(윈느)/프허미에(흐)
2	두번째	deux/deuxième	되/되지앰므
3	세번째	trois/troisième	트화/트화지엠므
4	네번째	quatre/quatrième	꺄트흐/꺄트히앰므
5	다섯번째	cinq/cinquième	쌍끄/쌍끼앰므
6	여섯번째	six/sixième	씨쓰/씨지앰므
7	일곱번째	sept/septième	쎄뜨/쎄띠앰므

• 프랑스에서는 숫자 7을 숫자 1과 헷갈린다고 해서 7로 쓴다.

8	여덟번째	huit/huitième	위뜨/위띠앰므
9	아홉번째	neuf/neuvième	뇌프/뇌비앰므
10	열번째	dix/dixième	디스/디지앰므

숫자

숫자   NUMBER

11	열한번째	onze/onzième	옹즈/옹지앰므
12	열두번째	douze/douzième	두즈/두지앰므
13	열세번째	treize/treizième	트해즈/트해지앰므
20	스무번째	vingt/vingtième	뱅/뱅띠앰므
21	스물한번째	vingt et un/vingt et unième	뱅떼 앵/뱅떼 위니앰므
30	서른번째	trente/trentième	트헝뜨/트헝띠앰므
100	백번째	cent/centième	썽/썽띠앰므
2배		double	두블르
2008년도		deux mille huit	두 밀 위뜨
123-4567 전화번호		cent vingt trois quarante cinq soixante sept 썽 뱅 뜨 트화 까헝뜨 쌩끄 수와썽뜨 쌔뜨	

• 전화번호는 보통 두자리씩 써 있고 읽을 때도 두자리씩 읽는다. 프랑스 핸드폰번호는 모두 06으로 시작한다.
  예) 06 12 34 56 78 zerosix douze trentequatre cinqentesix soixandixhuit
                  제호 씨스 두즈   트랑트까뜨흐   쌩깡뜨씨스   스와썽디즈위뜨

시간
요일

주	SEMAINE 스맨느	
일요일	Dimanche	디멍슈
월요일	Lundi	랭디
화요일	Mardi	마흐디
수요일	Mercredi	메흐크허디
목요일	Jeudi	죄디
금요일	Vendredi	방드흐디
토요일	Samedi	쌈디
이번 주	Cette semaine	쎄뜨 스맨느
다음 주	La semaine prochaine	라 스맨느 프호쉔
지난 주	La semaine dernière	라 스맨느 데흐니애흐

시간
월

월	MOIS 무와	
1월	Janvier	졍비에
2월	Février	패브히에
3월	Mars	마흐쓰
4월	Avril	아브힐
5월	Mai	매
6월	Juin	쥬앵
7월	Julliet	쥐이에
8월	Août	우
9월	Septembre	쎄떵브흐
10월	Octobre	옥또브흐
11월	Novembre	노벙브흐
12월	Décembre	데썽브흐

시간
월/때

달	MOIS 무와	
이번 달	ce mois	쓰 무와
다음 달	le mois prochain	르 무와 프호샹
지난 달	le mois dernier	르 무와 데흐니에

시간	HEURE 외흐		
1시간	위뇌흐 une heure	정오	미디 midi
반시간	윈 드미외흐 une demi-heure	오후	아프해미디 après-midi
분	미뉘뜨 minute	저녁	수와흐 soir
초	쓰공드 seconde	밤/자정	뉘 / 미뉘 nuit/ minuit
오전	마땡 matin	오늘밤	쓰 수와흐 ce soir

시간
때/계절

시간	HEURE 외흐	
그저께	avant-hier	아벙띠에흐
어제	hier	이에흐
오늘	aujourd'hui	오쥬흐뒤이
내일	demain	드맹
모레	après-demain	아프해드맹

계절	SAISON 쎄종	
봄	printemps	프행떵
여름	ètè	에떼
가을	automne	오뜬느
겨울	hiver	이베흐

가족 FAMILLE 파미으

할아버지	그형매흐 grand-père	손녀	쁘띠뜨 피으 petite-fille
할머니	그형빼흐 grand-mère	사위	보 피쓰 beau-fils
부모	빠헝 parents	며느리	벨 피으 belle-fille
아버지	빼흐 père	조카	느부 neveu
어머니	매흐 mère	질녀	니애쓰 nièce
아내	팜므 femme	사촌	꾸쟁/꾸진느 cousin(e)
남편	마히 mari	삼촌	옹끌 oncle
형제	프해흐 frère	아주머니	떵뜨 tante
자매	쐬흐 soeur	남자	옴므 homme
아들	피쓰 fils	여자	팜므 femme
딸	피으 fille	소년	가흐쏭 garçon
손자	쁘띠피쓰 petit-fils	소녀	피으 fille

대명사

대명사		PRONOM 프호놈		

	나	쥬 je	나의	몽/마 mon/ma
단수	당신	부 vous	당신의	보트흐 votre
	그	일 il	그의	쏭/싸/쎄 son/sa/ses
	그녀	엘 elle	그녀의	쏭/싸/쎄 son/sa/ses
복수	우리	누 nous	우리의	노트흐 notre(s)
	당신들	부 vous	당신들의	보트흐 votre(s)
	그들	일(엘) ils(elles)	그(녀)들의	뢰흐 leur(e/s/es)

본 문

출국

🔍 출국순서

인천국제공항은 이용하는 항공사에 따라 제 1터미널과 제2터미널로 나뉘어 있으므로 잘 찾아가도록 하자.

탑승수속	여권, 항공권을 가지고 해당 항공사 데스크로 간다. 수하물이 있으면 탁송하고 Baggage Tag 탁송화물표과 Boarding pass 탑승권를 받는다.
세관신고	귀중품과 고가품은 반드시 세관에 신고하고 '휴대품 반출확인서'를 받아야 귀국시 세금을 면제받는다.
보안검색	수하물과 몸에 X선을 비춰 금속류와 흉기를 검사한다.
출국심사	여권과 탑승권을 제시한다. 여권에 출국 확인도장을 받고 돌려 받은 후 출국 심사대를 통과한다.
탑승대기	Duty free 면세점을 이용할 수 있고 출발 30분 전까지 해당 Gate 탑승구앞으로 가서 기다리면 된다.

🔍 액체·젤류의 휴대반입 제한

액체폭탄이 국제적인 큰 위협이 되면서, 2007. 3. 1부터 대한민국 내에 위치한 공항에서 출발하는 모든 국제선 항공편승승포함에 대하여 액체·젤류의 항공기내 휴대반입 제한조치를 하고 있다.

액체·젤류의 휴대반입 가능물품 안내 ※ 아래 조건을 모두 만족해야 함.

- **내용물 용량 한도 : 용기 1개당 100㎖ 이하, 총량 1ℓ**

- **휴대 기내반입 조건**

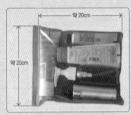

  · 1ℓ 규격의 투명 지퍼락 Zipper lock
    비닐봉투 안에 용기 보관
  · 투명지퍼락 봉투크기:약20cm×약20cm
    에 담겨 지퍼가 잠겨있어야 함
  · 승객 1인당 1ℓ 이하의 투명 지퍼락
    봉투는 1개만 허용
  · 보안검색대에서 X-ray 검색을 실시

 ★반입가능

| 45㎖ 용기의 헤어 스프레이 | 50㎖ 용기의 구강청정제 | 75㎖ 용기의 핸드크림 | 100㎖ 용기의 치약 | 100㎖ 용기의 젤류 음료 |

★반입불가

| 142㎖ 용기의 헤어 스프레이 | 250㎖ 용기의 구강청정제 | 125㎖ 용기의 베이비 로션 | 130㎖ 용기의 치약 | 120㎖ 용기의 음료 |

면세점 구입 물품 ※ 아래 조건을 모두 만족해야 함.

보안검색대 통과 후 또는 시내 면세점에서 구입 후 공항 면세점에서 전달
받은 주류, 화장품등의 액체, 젤류는 아래 조건을 준수하는 경우 반입가능

- 투명 봉인봉투 Tamper-evident bag로 포장
- 투명 봉인봉투는 최종 목적지행 항공기 탑승 전에 개봉되었거나 훼손
  되었을 경우 반입금지
- 면세품 구입당시 교부받은 영수증이 투명 봉인봉투에 동봉 또는 부착
  된 경우에 한하여 용량에 관계없이 반입가능

※투명 봉인봉투는 면세점에서 물품구입 시 제공되므로 별도준비 불필요

※예외사항 - 항공여행 중 승객이 사용할 분량의 의약품 또는 유아 승객 동반한 경우
　　　　　유아용 음식(우유, 음료수 등)의 액체, 젤류는 반입가능

출국

탑승하여 스튜어디스에게 Boarding Pass(탑승권)을
제시하면 좌석안내를 해준다. 손가방은 의자 위의 트렁

 ⟩자주 쓰이는 표현_1⟨

■ 좌석번호는 몇 번입니까?

부자베 깰 뉘메호

Vous avez quel numéro?

···▶ 26-A번입니다.

르 뱅 씨쓰 아

Le vingt-six A.

바꿔 말하기

- 37-C   trente-sept C   트헝 쎄뜨 씨

- 54-F   cinquante-quatre F   쌩껑 캬트흐 에프

크 속에 넣는 것이 원칙이지만 어떠한 경우에도 여권을 비롯한 귀중품은 몸에 지니도록 한다.

 ﹥자주 쓰이는 표현_2 ﹤

■ 화장실이 어디에 있습니까?

우 쏭 레 뚜왈렛

Où sont les toilettes ?

⋯▸ 뒤쪽에 있습니다.

오 퐁

Au fond.

바꿔 말하기

· **나의 좌석** (est) mon siège (에) 몽씨예쥬
· **구명조끼** (est) gilet de sauvetage
  (에) 쥘레 드 쏘브따쥬

▶ 탑승하신 것을 환영합니다.

비앵브뉘
Bienvenue.

▶ 탑승권을 보여 주십시오.

페뜨 므 부와흐 보트흐 비예
Faites me voir votre billet.

- -

▼ 여기 있습니다.

르 브왈라
Le voilà.

▼ 제 자리는 어디입니까?

우에 몽 씨에쥬
Où est mon siège?

- -

▶ 첫 번째 줄입니다.

오 프허미예 헝
Au premier rang.

▼ 제 가방을 어디에 놓을까요?

우 쥬 매 메 발리즈
Où je mets mes valises?

- -

▶ 의자 밑에 놓으십시오.

출국

탑승
기내
서비스
활용
어휘

매떼레 쑤 보트흐 씨예쥬
Mettez-les sous votre siège.

▼ 제 짐을 좀 올려 주시겠어요?

불레부 메트흐 메바가쥬 엉 오
Voulez-vous mettre mes bagages
en haut?

- -

▶ 물론이지요.

볼롱띠에
Volontiers.

▶ 안전벨트를 매세요.

아따쉐 보 쌩뛰흐, 씰 부 쁠래
Attachez vos ceintures, s'il vous plaît.

출국

시차(7~8시간)를 빨리 극복할 수 있는 방법 중의 하나는 물을 많이 마시는 것이다. 무언가 부족한 점, 불편한 점이 있을 때는 망설이지 말고 승무원에게 부탁한다.

 〉자주 쓰이는 표현_1 〈

■ 음료수는 무엇으로 하시겠어요?

끄 불레부 꼼 부와쏭

Que voulez-vous comme boisson?

···〉 물 주세요.

들 로, 씰 부 쁠래

De l'eau, s'il vous plaît.

바꿔 말하기

· 포도주	Du vin	뒤뱅
· 커피	Du café	뒤 까페
· 오렌지 쥬스	Du jus d'orange	뒤쥐도헝쥬
· 맥주	De la bière	들라비애흐

승무원들은 비상약품을 구비하고 있고 기본적인 응급조치를 할
수 있으며 회사마다 보다 높은 서비스를 제공한다.

 〉자주 쓰이는 표현_2 〈

- 몸상태가 좋지 않습니다.

  쥬 므 썽 말

  Je me sens mal.

…〉 머리가 아프세요?

  부 자베 말 아라떼뜨

  Vous avez mal à la tête?

바꿔 말하기

• 위	à l'estomac	아레스또마
• 치아	aux dents	오덩
• 배	au ventre	오벙트흐
• 허리	aux reins	오행
• 멀미	de l'air	드 레흐

▼ 실례합니다.(스튜어디스 부를 때)

씰 부 쁠래
S'il vous plaît.

▼ 자리를 바꾸고 싶은데요.

쥬 부드해 샹줴 드 쁠라쓰
Je voudrais changer de place.

▼ 의자를 어떻게 젖힙니까?

쥬 나히브 빠자 바트흐 몽 씨예쥬
Je n'arrive pas à battre mon siège?

▼ 의자를 눕혀도 되겠습니까?

퓌 쥬 뻥쉐 몽 씨예쥬
Puis-je pencher mon siège?

▶ 당기세요.

티헤
Tirer. / Tirez.

▶ 미세요.

뿌쎄
Poussez. / Pousser

▼ 헤드폰은 어떻게 사용합니까?

싸막슈 꼬멍, 라 꺄스껫
Ça marche comment, la casquette?

▼ 영화를 보고 싶습니다.

쥬부드헤 흐가흐데 앵 필므
Je voudrais regarder un film.

유용한 표현

▼ 신문 있으세요?

부 자베 앵 데 쥬흐노
Vous avez des journaux?

▼ 담요를 주십시오.

윈느 꾸배흐뛰흐, 씰 부 쁠래
Une couverture, sil vous plaît.

▼ 식사는 언제 하지요?

껑 떼 쓰 공 프랑 르 흐빠
Quand est-ce qu'on prend le repas?

▶ 고기와 생선 중 어느 것을 원하세요?

부 불레 들라 비엉드 우 뒤 쁘와쏭
Vous voulez de la viande ou du
poisson?

- -

▼ 생선으로 하겠습니다.

뒤 쁘와쏭
Du poisson.

▼ 고기로 하겠습니다.

들라 비엉드
De la viande.

▼ 멀미가 납니다.

쥐 르 말 들래흐
J'ai le mal de l'air.

▼ 멀미봉지를 주십시오.

앵 싹 이쥐예닉, 씰 부 쁠래
Un sac hygiénique, s'il vous plaît.

▼ 아스피린을 한 알 주십시오.

앵 꽁프히메 다스삐힌, 씰 부 쁠래
Un conprimé d'aspirine,
s'il vous plaît.

▼ 가슴이 아파요.

쥐 말 오 꾀흐
J'ai mal au coeur.

도움이 되는 활용 어휘

- 예약   réservation   헤제흐바씨옹
- 비행기표 billet d´avion   비예 다비옹
- 항공사   compagnie aérienne   꽁빠니 아에히엔느
- 노선   ligne   린뉴
- 출발   départ   데빠흐
- 도착   arrivée   아히베
- 승무원   hôtesse de l'air   오때쓰 드 레 흐
- 국내선   ligne domestique   린뉴 도메스띠끄
- 국외선   ligne internationale   린뉴 앵때흐나씨오날
- 공항세   taxe d'aéroport   딱쓰 다에호뽀흐
- 출발지   lieu de départ   리유 드 데빠흐
- 목적지   destination   데스띠나씨옹
- 정기편   vol régulier   볼 헤귈리예
- 특별기편 vol supplémentaire   볼 쉬쁠레멍떼흐
- 좌석번호 numéro de siège   뉘메호 드 시예쥬

탑승

- 탑승   embarcage   엉바흐까쥬
- 탑승권   carte d'embarquement   까흐뜨 덩바흐끄멍

도움이 되는 활용 어휘

- 남승무원   steward   스뚜아흐드
- 여승무원   hôtesse de l'air   오때쓰 드 레흐
- 의자   siège   씨에쥬
- 식사   repas   흐빠
- 담요   couverture   꾸베흐뛰흐
- 베개   oreiller   오헤이에
- 멀미   mal de l'air   말 드 레흐
- 멀미주머니   sac hygiénique   이쥐예닉
- 약   médicament   메디까멍
- 안전벨트   ceintures   쌩뛰흐
- 좌석포켓   poche   뽀슈
- 접는탁자   table pliante   따블르 쁠리엉뜨
- 안내책자   brochure   브호쉬흐
- 헤드폰   casquette   까스께뜨
- 채널   chaîne   쉔느

기내서비스

- 라디오   radio   하디오
- 구명조끼   gilet de sauvetage   쥘레드 쏘브따쥬
- 화장실   toilettes   뚜왈렛
- 비어 있는   libre   리브흐
- 사용중인   occupé   오뀌뻬
- 위급한   urgent   위흐정
- 배고프다   avoir faim   아부와흐 팽
- 목마르다   avoir soif   아부와흐 쏘와프
- 매다   attacher   아따쉐
- 풀다   lâcher   라쉐
- 면세용품   les produits sans taxe   레 프호뒤 썽 딱스
- 치약   dentifrice   땅띠프히스
- 칫솔   brosse à dents   브호싸덩

출국

탑승
기내
서비스
활용
어휘

입 국

파리 중심부 인근에 위치한 샤를 드 골 공항[Charles de Gaulle Airport]과 오를리 공항[Orly Airport]은 상호 보완적인 기능을 수행하는 유럽 최고의 교통 중심지이다.

📷 입국순서

입국심사 contrôle des Passeports	입국심사대에 줄을 서서 여권과 입국카드의 체크를 받는다. 주로 방문 목적과 체류기간, 체류장소 등을 묻는다.
수하물 찾는 곳 Livraison cles bagages	수하물 찾는 곳의 콘베이어에서 자기의 짐을 찾는다. 만약 수하물을 못 찾은 경우에는 티켓팅 할 때 받은 billet de bagages 수하물증을 직원에게 보여주고 찾아 달라고 한다.
세관 Douane	Rein à déclarer 신고할 물품이 없는 경우는 녹색 심사대로, objets à déclarer 신고할 물품이 있는 경우는 붉은색 심사대로 가면 된다.

🐼 면세기준

- **담배** 10갑 200개피 · **향수** 50g
- **술** 22° 초과일때 1ℓ, 22° 이하일 때 2ℓ
- **외국환** 총액 10,000유로 상당액 이상의 현금 및 수표,
  주식 · 채권 등 유가증권 신고

🐼 통과 Transit

파리까지 비행기로 가는 도중 다른 공항에 들렀다가는 경우
를 Transit 통과 라고 한다. 공항에 머물러 있는 동안에 대개
기내 청소를 하기 때문에 일단 비행기 밖의 대합실에서 대
기한다.

🐼 환승 Transfer

도중의 공항에서 다른 비행기로 갈아타는 것을 Transfer 환승
이라고 부른다. 우선 그 항공회사의 자국에서 새로운 비행
기로 갈아타고 파리까지 간다.그리고, 맡긴 수하물은 체크
인 할 때에 **through** 통과취급으로 해두면 최종목적지까지
운반해준다.

🐼 환전/통화

통화단위는 **Euro** 유로화이다.

[코인] 1 · 2 · 5 · 10 · 20 · 50유로쌍띰, 1 · 2유로의 8종류
[지폐] 5 · 10 · 20 · 50 · 100 · 200 · 500유로의 7종류

입국

비자면제협정을 맺어 90일 미만의 단기 관광이나 체류
시 비자가 필요 없다. 입국심사대에 줄을 서서 여권과

 〉자주 쓰이는 표현_1〈

■ 입국목적은 무엇입니까?

꿸레 르 모띠프 드 보트흐 부와야쥬

Quel est le motif de votre voyage?

···▸ 관광입니다.

쥬 스위 뚜히스뜨.

Je suis touriste.

바꿔 말하기

• 사업	en voyage d'affaires	엉 브와야쥬 다패흐
• 휴가	en vacances	엉 바깡스
• 부모방문	pour visiter des parents	뿌흐 비지떼 데 빠헝
• 어학연수	pour le stage linguistique	뿌흐르스따쥬랭기스띠끄

입국카드를 제출한다. 주로 체제일수와 방문목적을 물으며 별로 까다롭지 않다.

 자주 쓰이는 표현_2

■ 얼마나 머무실 겁니까?

꽁비앙 드 떵 헤스떼 부

Combien de temps restez-vous?

- -

···▸ 10일간 입니다.

뻥덩 디 쥬흐

Pendant dix jours.

바꿔 말하기

• 1주일	une semaine	윈 스맨느
• 2주일	deux semaines	튜 스맨느
• 한 달	un mois	앵 모아

▶ 여권을 보여 주십시오.

보트흐 빠스뽀흐, 씰 부 쁠레
Votre passeport, s'il vous plaît.

- -

▼ 여기 있습니다.

르 부왈라
Le voilà.

▶ 처음 방문이십니까?

쎄 보트흐 프허미애흐 비지뜨
C'est votre première visite?

- -

▼ 예, 그렇습니다.

위, 쎄 싸
Qui, c'est ça.

▶ 돈은 얼마나 가지고 계십니까?

꽁비앙 다흐정 아베 부
Combien d'argent avez-vous?

▼ 1만 유로 입니다.

디 밀 유호
Dix mille euros.

▶ 혼자 오셨습니까?

부 부와아줴 쇨
Vous voyagez seul?

입국
심사

세관
검사

환전

활용
어휘

▼ 아니요, 가족과 함께 왔습니다.

농, 아베끄 마 파미으
Non, avec ma famile.

▶ 입국목적은 무엇입니까?

껠 레 르 모띠프 드 보뜨흐 비지뜨
Quel est le motif de votre visite.

▼ 관광입니다.

쎄 쁘흐 뚜히즘
C'est pour tourisme.

입국

신고할 물품이 없는 경우에는 녹색게이트로, 신고할 물품이 있을 경우에는 적색게이트로 가면되고, 통과하는데는 별 문제가 없다.

 `자주 쓰이는 표현_1`

- 가방 안에는 무엇이 들었습니까?

  께스낄리아 덩 보트흐 싹

  Qu'est-ce qu'il y a dans votre sac?

···→ 개인소지품 입니다.

  쓰 쏭 메 조브쥐 페흐쏘넬

  Ce sont mes objets personnels.

바꿔 말하기

•선물	des cadeaux	데 까도
•인삼	des ginseng	데 정썽
•진통제	des calmants	데 깔멍
•책	des livres	데 리브흐

〉자주 쓰이는 표현_2 〈

- 식물을 소지하고 있습니까?

  부 자베 데 베제또

  Vous avez des végétaux?

⋯▸ 아니요, 없습니다.

농

Non.

바꿔 말하기

• 마약	de la drogue	드 라 드호그
• 술	de l'alcool	드 랄꼴
• 동물	des animaux	데 자니모
• 담배	des cigarettes	데 씨가헷

▶ 신고할 물건 있으십니까?

부 자베 껠끄 쇼자 데끌라헤
Vous avez quelque chose à déclarer?

▼ 아뇨, 없습니다.

농, 히앙
Non, rien.

▶ 짐이 몇 개입니까?

꽁비앙 드 발리즈 아베 부
Combien de valises avez-vous?

▼ 전부 네 개입니다.

까트흐 엉 뚜
Quatre en tout.

▶ 가방을 열어 주십시오.

우브레 보트흐 싹, 씰 부 쁠레
Ouvrez votre sac, s'il vous plaît.

▶ 술 종류를 가지고 계십니까?

아베 부 드 랄꿀
Avez-vous de l'alcool?

▼ 포도주 한 병 있습니다.

윈 부떼이으 드 뱅
Une bouteille de vin.

▶ 이것은 얼마짜리 입니까?

싸 꾸뜨 꽁비앵
Ça coûte combien?

▼ 5유로입니다.

쌩끄 왜호
Cinq euros.

▶ 네, 이제 가셔도 좋습니다.

비앵, 부 뿌베 빠쎄
Bien, vous pouvez passer.

입국

출국 전에 환전을 하도록 하며, 환전한 돈이 부족할 때는
대도시의 은행이나 공항에서 환전하도록 한다. 은행 업무

 자주 쓰이는 표현_3

■ <u>환전소</u>는 어디에 있습니까?

우 에 르 뷔호 드 샹쥬

Où est le bureau de change?

- -

⋯▶ 왼쪽/오른쪽 모퉁이에 있습니다.

오 꼬앵 고슈/드화

Au coin gauche/droit.

바꿔 말하기

• 은행	la banque	라 벙끄
• 안내소	l'office de tourisme	로피쓰 드 뚜히즘

는 평일 09:00~12:00, 14:00~16:00이고 토 · 일요일은 휴무이다.
특히 BNP은행은 최소의 수수료와 최고의 환전율을 자랑한다.

 ⟩자주 쓰이는 표현_4 ⟨

입국

입국
심사
세관
검사
환전
활용
어휘

■ 어떤 화폐로 바꿔 드릴까요?

꼬멍 불레 부 샹제 쎄 따흐정

Comment voulez-vous changer cet argent?

⋯⟩ 유로로 바꿔 주십시오.

엉 왜호, 씰 부 쁠레

En euros, s'il vous plaît.

바꿔 말하기

• 달러	dollars	돌라흐
• 10유로짜리	pièce de 10 euros	삐에쓰드 디 왜호
• 파운드	livres	리브흐
• 동전	petite monnaie	쁘띠뜨 모내

유용한 표현

▼ 환전소는 어디입니까?

우 에 르 뷰로 드 상쥬
Qù est le bureau de change?

▼ 근처에 은행이 있습니까?

일리아 윈 벙끄 프헤 디씨
Il y a une banque près d'ici?

▼ 몇 시부터 몇 시까지 엽니까?

일 레 우베흐 드 껠뢰 하 껠뢰흐
Il est ouvert de quelle heure
à quelle heure?

- -

▶ 9시부터 5시까지 합니다.

드 뇌뵈 하 쌩꾀흐
De 9 heures à 5 heures.

▼ 이 지폐를 잔돈으로 바꿔 주십시오.

샹제 쓰 비예 엉 쁘띠뜨 모내
Changez ce billet en petite monnaie.

▼ 유로로 바꿔 주십시오.

뿌베부 샹줴 앙 왜호

Pouvez-vous changer en euros.

▼ 여행자 수표를 바꾸려고 하는데요.

쥬 부드해 샹줴 데 쉐끄 드 부와야쥬

Je voudrais changer des chèques de voyage.

- -

▶ 현금으로 드릴까요? 수표로 드릴까요?

넝 에스페스 우 엉 쉐끄

En éspece ou en chèque?

▶ 여기에 서명 하시고 여권을 보여주십시오.

씨녜 이씨 에 몽트헤 므아 보트흐 빠스뽀흐

Signez ici et montrez-moi votre passeport.

▼ 수수료는 얼마입니까?

쎄 꽁비앵 라 꼬미씨옹

C'est combien la commission?

도움이 되는 **활용 어휘**

- 짐   bagage 바갸쥬
- 여권   passeport 빠스뽀흐
- 비자   visa 비자
- 출장   voyage d'affaires 부와야쥬 다페흐
- 휴가   vacances 바껑스
- 방문   visite 비지뜨
- 미혼   célibataire 쎌리바때흐
- 기혼   marié(e) 마히에
- 외국인   étrangers 에트헝줴
- 거주자   résidents 헤지덩
- 입국카드   carte de débarquement 까흐뜨 드 데바흐끄멍
- 성(姓)   nom 농
- 이름   prénom 프헤농
- 결혼전 이름   nom de jeune fille 농 드 죈느 피으

입국심사

- 국적   nationalité   나씨오날리떼
- 출생일   date de naissance   다뜨 드 내썽스
- 출생지   lieu de naissance   리유 드 내썽스
- 성(性)   sexe   쎅스
- 남자   homme   옴므
- 여자   femme   팜므
- 나이   âge   아쥬
- 직업   profession   프호페씨옹
- 주소   adresse   아드헤쓰
- 거주지   domicile   도미씰
- 여권번호   numéro de passeport   뉘메호 드 빠스뽀흐
- 발급기관   autorité émettrice   오또히떼 에메트히스

입국
입국
심사
세관
검사
환전
활용
어휘

세관검사

• 세관	douane	두완
• 세관원	douanier / ère	두와니에 / 두와니에흐
• 신고하다	déclarer	데끌라헤
• 개인소지품	objets personnels	오브줴 페흐쏘넬
• 선물	cadeau	까도
• 술	alcool	알꼴
• 담배	cigarette	씨가헷
• 면세품	article détaxé	악띠끌 데딱세
• 향수	parfum	빠흐팽
• 보석	bijou	비쥬
• 허용량	quantité tolérée	껑띠떼 똘레헤
• 손수레	chariot	샤히오
• 손상된	endommagé	엉도마줴
• 짐가방	valise	발리즈
• 수화물 인환증	bulletin de bagages	뷜땡 드 바가쥬

세관검사 / 환전

- 포터   **porteur** 뽀흐띠흐
- 깨지기 쉬운   **fragile** 프하질
- 무게초과   **éxcedent de poinds** 엑쎄덩 드 프와

환전

- 환전소   **bureau de change** 뷔호 드 샹쥬
- 은행   **banque** 벙끄
- 은행원   **employé(e) de banque** 엉쁠루와이에 드 벙끄
- 여행자수표   **chèque de voyage** 셰끄 드 봐야쥬
- 환율   **taux du change** 또 뒤 샹쥬
- 지폐   **billet** 비예
- 동전   **piéce** 삐예쓰
- 서명   **signature** 씨냐뛰흐
- 수수료   **commission** 꼬미씨옹
- 바꾸다   **changer** 샹줴

교 통

파리 시내의 메트로 및 버스, 트램(Tram)에 사용되는 티켓은 모두 동일하다. 메트로 개찰구 주변 또는 메트로 입구에 있는 Tabac에서 구입할 수 있다. 단, 환승시에는 지하(지하철, RER), 지상(버스, Tram)이 구분되어 교차환승은 불가하다.

🚇 지하철

파리에서 지하철이라고 하면 **Métro** 메트로를 말하며 시내에 14개 노선이 망처럼 연결되어 있어 아주 편리하며 Ⓜ으로 표시되어 있다. 파리 지하철의 운행 시간은 보통 오전 5시~ 새벽 1시이다. 또한 주요 관광지에 가까운 지하철역이 많아 시내 주요 관광지 이동에 용이하다.

🚇 고속지하철 RER

파리시내에서 교외로 연결되는 고속 지하철로 4개의 노선이 있다. 샤를르드골 에트와르, 샤트레, 앵발리드역에서 메트로와 이어진다. 파리시내는 메트로와 똑같은 요령으로 탈 수 있지만, 메트로와는 달리 요금이 행선지에 따라 달라지므로 갈아타는 역의 자동판매기에서 **RER**의 표를 사는 것이 편리하다.

🚌 버스 Bus

보통 운행시간은 아침 7시~저녁 9시이며, 노선에 따라 밤
12시까지 운행하는 경우도 있다. 버스의 노선도가 다소 복
잡하기 때문에 관광안내소나 지하철 매표창구에서 무료로
나눠주는 대형 파리노선도를 소지하고 정차하는 정류장 및
운행 노선을 파악하는 것이 좋다.

🚕 택시

자동차 위의 **TAXI** 사인에 불이 들어와 있는 것이 빈차이
다. 아무데서나 탈 수 있지만, **Téfe de Taxi** 택시 승강장에서
타는 것이 원칙이다. 행선지의 주소를 쓴 메모를 보여주는
것이 가장 안전하게 목적지까지 가는 방법이다.
요금은 기본요금이 약 6.6유로이며 시간대, 주행범위에 따
라 3단계로 나뉘어져 큰 짐, 야간, 휴일 등에 따른 추가요
금이 있다. 짐마다 몇 유로씩 요금이 추가되므로 가능한 가
방의 숫자를 줄이는 것이 유리하다. 또한, 요금에 10%의 팁
이 필요하다.

🚗 렌트카

도로망이 잘 정비되어 있을 뿐만 아니라 교통 표지판이 잘
정비되어 있다. 규모가 큰 회사를 이용하는 것이 각 도시마
다 영업소가 있어서 차를 반납할 때 편리하다.
관광객의 차량, 특히 렌터카를 운전하는 관광객의 특성상
번호판 등을 통해 쉽게 노출될 수 있으니 주의해야 하며 또
한, 우리나라와 다른 교통법규에도 주의를 기울여야 한다.

교통

프랑스인은 보통 길을 묻는 외국인에게 친절하다. 상대방이 영어를 못하고 자신이 프랑스어를 못하는 경우라도 신기하게도 서로 의사소통이 되는 경우가 많으므로

 〉자주 쓰이는 표현_1 〈

■ 에펠탑을 찾는데요.

쥬 쉐흐쉐 라 뚜흐 에펠

Je cherche la Tour Eiffel.

···› 똑바로 가세요.

알레 뚜 드화

Allez tout droit.

바꿔 말하기

• **오른쪽으로**	à droite	아 드화뜨
• **왼쪽으로**	à gauche	아 고슈

묻기를 주저하지 말자. 간단하게라도 프랑스어를 할 줄 안다면
물어 보도록 하자.

자주 쓰이는 표현_2

- 역까지 얼마나 걸립니까?

  일 포 꽁비앙 드 떵 쥐스까 라 갸흐

  **Il faut combien de temps jusqu'à
  la gare?**

  ···▶ 걸어서 10분 걸립니다.

  디 미뉘뜨 아 삐에

  10 minutes à pied.

바꿔 말하기

• 버스로	en bus	엉 뷔스
• 택시로	en taxi	엉 딱씨
• 지하철로	en métro	엉 메트호
• 차로	en voiture	엉 부와뛰흐

유용한 표현

▼ 여기가 어디입니까?

우 쥬 수위
Où je suis?

▼ 길을 잃었습니다.

쥬 수위 뻬흐뒤
Je suis perdu(e).

▼ 몽마르뜨에 가려고 합니다.

쥬 부드헤 알레 아 몽마흐트흐
Je voudrais aller à Montmartre.

▼ 여기서 가깝습니까?/여기서 멉니까?

쎄 프헤 디씨/쎄루앵 디씨
C'est près d'ici/C'est loin d'ici?

▼ 지도에 표시를 해 주세요.

앵디께 쉬흐 쓰 쁠렁
Indiquez sur ce plan.

76
초보여행자도 한번에 찾는다

▼ 걸어서 얼마나 걸립니까?

싸 프헝 꽁비앙 드 떵 아 삐예
Ça prend combien de temps à pied?

▶ 약 10분 걸립니다.

디 미뉘뜨 아 뿌 프헤
10 minutes à peu près.

▼ 리옹역이 어디 있습니까?

엑스뀌제 모아 우 에 라 갸흐 드 리옹
Où est la gare de Lyon?

▶ [이쪽/저쪽] 입니다.

빠흐 [이씨/라]
Par [ici/là].

▼ 고맙습니다.

메흐씨
Merci.

교통

기차표와 항공표는 www.voyage-sncf.com이란
사이트에 접속하여 인터넷으로 예매가 가능하다.

 〉자주 쓰이는 표현_1 〈

■ 안녕하세요?

봉쥬흐

Bonjour.

┈┈┈┈┈┈┈┈┈┈┈┈┈┈┈┈┈┈┈┈┈┈

⋯▸ 파리행 TGV를 예약하고 싶습니다.

쥬 부드해 헤제흐베 윈느 쁠라스 드 떼쥬베 뿌흐 빠히

**Je voudrais réserver une place de
TGV pour Paris.**

바꿔 말하기

· **침대차**   couchette   꾸쉐뜨
· **급행**   express   엑스프레스

sncf는 프랑스 국영 철도청으로 영어로도 확인이 가능하다.

 `자주 쓰이는 표현_2`

■ 어느 역에서 <u>타야</u>합니까?

아 깰 라헤 두와 쥬 프헝드흐(르 메트호)

A quel arrêt dois-je prendre?

- -

⋯▸ 다음 정거장에서요.

알 라헤 프호쉥

A l'arrêt prochain.

바꿔 말하기

· 내리다	descendre	데성드흐
· 갈아타다	changer	샹줴

유용한 표현

▼ 매표소가 어디입니까?

우 에 르 기쉐
Où est le guichet?

▼ 기차 시간표를 주십시오.

엉노 해흐, 씰 부 쁠레
Un horaire, s'il vous plaît.

▼ 예약 없이도 기차를 탈 수 있습니까?

옹 쁘 프헝드흐 쓰 트행 썽 헤제흐바씨옹
On peut prendre ce train sans réservation?

▼ [편도/왕복표]를 부탁합니다.

[알레 쌩쁠/알레 흐뚜흐] 씰 부 쁠레
[Allez simple/Allez- retour] s'il vous plaît.

▶ 금연석으로 하시겠습니까? 흡연석으로 하시겠습니까?

퓌메흐 우 농 퓌메흐
Fumeurs ou non-fumeurs?

▼ 더 [일찍/늦게] 떠나는 차가 있습니까?

일리아 데 트행 끼 빠흐뜨 쁠뤼 [또/따흐]

Il y a des trains qui partent plus [tôt/tard]?

▼ 이 표를 환불해주시겠습니까?

부 뿌베 므 헝북쎄 쓰 비예

Vous pouvez me rembourser ce billet?

교통

길묻기
기차
전철
렌터카
택시
버스
활용
어휘

- -

▷ 이 표는 환불이 불가능합니다.

농, 일레 이헝불싸블

Non, il est irremboursable.

▼ 표를 분실했습니다.

줴 뻬흐뒤 몽 비예

J'ai perdu mon billet.

- -

▷ 5유로을 더 내셔야 합니다.

부 드베 뻬이에 쌩끄 왜호 드 쁠뤼쓰

Vous devez payer 5 euros de plus.

▼ 표는 어떻게 개찰합니까?

꼬멍 꽁뽀스뜨 똥 르 비예
Comment composte-on le billet?

▼ 표를 개찰하는 걸 잊어버렸습니다.

줴 우블리에 드 꽁뽀스떼 몽 비예
J'ai oublié de composter mon billet.

▼ 리옹행 기차는 몇 번 플랫폼에서 떠납니까?

드 껠 께 빠흐 르 트행 뿌흐 리용
De quel quai part le train pour Lyon?

▼ 이 기차는 리옹에 정차합니까?

쓰 트행 싸해따 리용
Ce train s'arrête à Lyon?

▼ 리옹에 가려고 합니다.

쥬 부드헤 알레 아 리용
Je voudrais aller à Lyon.

▼ 이 열차가 맞습니까?(표를 보여주며)

쎄 비엉 쓰 트행
C'est bien ce train?

▼ 이 열차는 깐느까지 갑니까?

쎄뜨 브와뛰흐 바 쥬쓰꾸아 깐느
Cette voiture va jusqu'a Cannes?

▼ 어느 역에서 타야합니까?

아 깰라헤 두와 쥬 프헝드흐(르 메트호)
A quel arrêt dois-je prendre
(le métro)?

▶ 다음 정거장에서요.

알 라헤 프호쉥
A l'arrêt prochain.

▼ 기차를 갈아타야 합니까?

일 포 샹줴 드 트행
Il faut changer de train?

교통

차를 빌리기 위해서는 국제면허증과 크레디트카드를 오픈 시켜두고 번호를 맡겨놓아야 한다. 프랑스는 고속도

 〉자주 쓰이는 표현_1 〈

- 어떤 종류의 차를 원하십니까?

  깰 쏘흐뜨 드 부와뛰흐 불레 부

  ## Quelle sorte de voiture voulez - vous?

⋯▶ 소형차를 빌리고 싶습니다.

  쥬 부드해 윈느 쁘띠뜨 부와뛰흐

  ## Je voudrais une petite voiture.

바꿔 말하기

· 대형	grande	그헝드
· 중형	moyenne	모와옌느

로 요금이 비싼 편인데, 국도도 시설이 잘 되어 있으므로 지도를
잘 보면 이용하는데 큰 불편은 없다.

〉자주 쓰이는 표현_2 〈

■ **임대료**는 얼마입니까?

쎄꽁비앵, 라 로까씨옹

C'est combien, la location?

···› 1,200유로 입니다.

밀되썽 왜호

1,200 euros.

바꿔 말하기

• **보험료**	l'assurance	라쒸헝쓰
• **보증금**	la caution	라 꼬씨옹
• **네비게이션**	GPS	제뻬에스

유용한 표현

▼ 차를 빌리고 싶습니다.

쥬 부드 루에 윈느 부와뛰르
Je voudrais louer une voiture.

▼ 일주일간이요.

뿌흐 윈느 스맨느
Pour une semaine.

▼ 차를 리옹에서 반납해도 될까요?

쥬 뾔 데뽀제 라 부와뛰흐 아 리용
Je peux déposer la voiture à Lyon?

▼ 보증금을 내야 합니까?

일 포 뻬이에 라 꼬씨옹
Il faut payer la caution?

▼ 보험에 들겠습니다.

쥬 부드해 [프헝드흐 윈 아쒸헝쓰/마쒸헤]
Je voudrais [prendre une assurance
/m'assurer].

86
초보여행자도 한번에 찾는다

▼ 도로지도가 있습니까?

부 자베 윈 꺅뜨 후띠에흐
Vous avez une carte routière?

▼ 주유소가 어디 있습니까?

우 엘 라 스따씨옹 쎄흐비쓰
Où est la station-service?

▼ (기름을) 가득 넣어주십시오.

르 쁠랭, 씰 부 쁠래
Le plein, s'il vous plaît.

* 프랑스는 대부분 오토주유이며 기름을 넣고 나갈때 계산소에서 계산한다. 낮에는 현금, 카드 모두 사용이 가능하지만 저녁(보통 7시 이후)에는 카드로만 계산이 된다.

▼ 타이어가 터졌습니다.

르 쁘뇌 에 크허베
Le pneu est crevé.

▼ 세차 좀 해주십시오.

라베 라 부와뛰흐, 씰 부 쁠래
Lavez la voiture, s'il vous plaît.

교통

택시요금은 우리나라의 경우보다 비싼 편이다. 아무데
서나 택시를 잡을 수 있지만 택시정류장에서 잡는 것이

 〉자주 쓰이는 표현_1〈

■ 어디로 가십니까?

부 잘레 우

Vous allez où?

···▶ 이 주소로 가주세요.

아 쎄뜨 아드레스, 씰 부 쁠레

A cette adresse, s'il vous plaît.

바꿔 말하기

- **공항**   à l'aéroport   아 라에호뽀흐
- **에펠탑**   à la Tour Eiffel   알 라 뚜흐 에펠

보통이며 우리나라와 달리, 기본적으로 손님이 조수석에 앉을 수
없도록 되어 있다. 조수석에 앉기를 원하는 경우에는 별도의 추가
요금을 부담해야 한다.

 ⟩자주 쓰이는 표현_2⟨

교통

길묻기
기차
전철
렌터카
택시
버스
활용
어휘

- 공항까지 대략 얼마입니까?

    꽁비엥 뻬 프헤 쥐스까 라에오뽀흐

    ## Combien à peu près jusqu'à l'aéroport?

···⟩ 10유로입니다.

    디 왜호

    ## 10 euros.

바꿔 말하기

• 호텔	l'hôtel	로뗄
• 은행	la banque	라 벙끄
• 역	la gare	라 가흐
• 한국대사관	l'Ambassade de Corée	렁바싸드 드 꼬헤

유용한 표현

▼ 택시 승차장은 어디입니까?

우 에 라 스따씨옹 드 딱시
Où est la station de taxi?

▶ [오른쪽/왼쪽]으로 도십시오.

뚜흐네 아 [드화뜨/고슈]
Tournez à [droite/gauche].

▼ 택시를 불러주시겠어요?

아쁠레 므아 앵 딱시, 씰 부 쁠레
Applez-moi un taxi, s'il vous plaît.

▶ 어디 가십니까? 운전사가 행선지를 묻는 표현

우 알레 부
Où allez-vous?

▼ 북역으로 가주세요.

알 라 갸흐 뒤 노흐
A la gare du Nord.

▼ 서둘러 주세요. 급합니다.

데뻬쉐 부 씰 부 쁠레, 쥬 수위 프헤쎄
Dépêchez-vous, s'il vous plaît.
Je suis pressée.

▼ 시간이 얼마나 걸릴까요?

일 포 꽁비앵 드 떵
Il faut combien de temps?

▼ 다음 모퉁이에서 세워 주십시오.

데뽀제 무와 아 쓰 꼬앵 라
Déposez-moi à ce coin-là.

▼ 여기서 조금 기다려 주십시오.

아떵데 무와, 이씨
Attendez-moi, ici.

▼ 잔돈은 가지세요.

갸흐데 라 모내
Gardez la monnaie.

교통

버스노선도 발달해 있어 익숙해지면 이용하기 편리하지만 간혹 교통체증이 생기는 경우가 있다.

 〉자주 쓰이는 표현_1 〈

■ 파리발 첫 차가 몇시에 떠납니까?

아 껠 뢰흐 빠흐 르 프허미에 뷔스 뿌흐 빠히

A quelle heure part le premier bus pour Paris?

⋯▸ 7시입니다.

아 쎄 뙤흐

A 7 heures.

바꿔 말하기

| · 다음 | prochain | 프호샹 |
| · 마지막 | dernier | 데흐니에 |

지하철과 연결되어 있으므로 보조수단으로 이용하면 좋다.

 ›자주 쓰이는 표현_2‹

■ 표 한 장 주세요.

앵 띠께, 씰 부 쁠래

Un ticket, s'il vous plaît.

···→ 여기 있습니다.

르 부왈라

Le voilà.

바꿔 말하기

• 10매권(회수권)	un carnet	앵 꺄흐네
• 정액권	une carte orange	윈 꺄흐또항쥬
• 노선도	un plan de bus	앵 쁠렁 드 뷔쓰
• 시내지도	un plan de ville	앵 쁠렁 드 빌

▼ 버스정류장(지하철역)이 어디입니까?

우 에 라헤 드 뷔스(라 스따씨옹 드 메트호)
Où est l'arrêt de bus(la station de métro)?

▼ [버스/지하철] 노선표를 주십시오.

앵 쁠렁 드 [뷔스/메트호], 씰 부 쁠레
Un plan de [bus/métro], s'il vous plaît.

▼ 버스 안에서 표를 살 수 있습니까?

옹쀠 아슈떼 앵 띠께 당 르 뷔스
On peut acheter un ticket dans le bus?

▼ (운전사에게)에펠탑 갑니까?

쓰 뷔쓰 바 알 라 뚜흐 에펠
Ce bus va à la Tour Eiffel?

▼ 어느 방향에서 타야합니까?

쥬 프헝 깰 디헥씨옹
Je prends quelle direction?

▼ 몇 정거장 입니까?

꽁비앵 다해 이아띨
Combien d'arrêts y a-t-il?

▶ 두 정거장입니다.

되 자헤
2 arrêt.

▼ 실례합니다. 내리세요? 문 옆에 서있는 사람에게

빠흐동. 부 데썽데
Pardon. Vous descendez?

▼ 어디서 내려야(갈아타야) 합니까?

우 두아 쥬 데썽드흐(샹줴)
Où dois-je descendre (changer)?

도움이 되는 **활용 어휘**

길묻기

- 차로   en voiture   엉 부외뛰호
- 버스로   en bus   엉 뷔스
- 전철로   en métro   엉 메트호
- 걸어서   à pied   아 삐에
- 방향   direction   디헥씨옹
- 북쪽   nord   노흐
- 남쪽   sud   쒸드
- 동쪽   est   에스뜨
- 서쪽   ouest   우에스뜨
- 똑바로   tout droit   뚜 드화
- 왼쪽   à gauche   아 고슈
- 오른쪽   à droite   아 드화뜨
- 가까운   près   프헤
- 먼   loin   루앵
- 앞   en avant   어나벙

길묻기 · 기차/전철

- 뒤   en arrière   어나히애흐
- 이쪽   ce côté   쓰 꼬떼
- 저쪽   autre côté   오트흐 꼬떼
- 길   route   후뜨
- 가로수길   boulevard   불바흐
- 대로   avenue   아브뉘
- 보도   trottoir   트호뚜와흐
- 사거리   carrefour   꺅푸흐

기차/전철

- 특급열차   express   엑스프헤스
- 초고속열차   TGV   떼줴베
- 콤파트먼트   compartiment   꽁빠흐띠멍
- 침대칸   couchette   꾸쉐뜨
- 흡연칸   fumeurs   퓌뫼흐
- 금연칸   non-fumeurs   농 퓌뫼흐

도움이 되는 **활용 어휘**

• 시간표	horaires	오해흐
• 침대차	wagon-lit	바공 리
• 식당차	wagon-restaurant	바공 헤스또헝
• 역	gare	갸흐
• 편도	aller simple	알레 쌩쁠
• 왕복	aller-retour	알레 흐뚜흐
• 일등석	première classe	프허미애흐 끌라쓰
• 이등석	deuxième classe	두지엠므 끌라쓰
• 정가	plein tarif	쁠랭 따히프
• 할인가격	tarif à réduit	따히파 헤뒤
• 매표소	guichet	기쉐
• 검표원	contrôleur	꽁트홀뢰흐
• 표	billet	비예
• 개찰	compostage	꽁뽀스따쥬
• 자리가 빈	libre	리브흐
• 자리가 찬	occupé(e)	오뀌뻬

기차/전철 · 택시

- 플랫폼　　　quai　깨
- 선로　　　　voie　부와

택시

- 택시　　　　taxi　딱씨
- 빈차　　　　inoccupé　이노뀌뻬
- 팁　　　　　pourboire　뿌흐브와흐
- 미터기　　　taximètre　딱씨메트흐
- 트렁크　　　coffre　꼬프흐
- 택시승차장　station de taxi　스따시옹 드 딱씨
- 신호등　　　feu　뿌
- 횡단보도　　passage piéton　빠싸쥬 삐에똥
- 우회전　　　tourner à droite　뚜흐네 아 드화뜨
- 좌회전　　　tourner à gauche　뚜흐에 아 고슈
- 직진　　　　aller tout droit　알레 뚜 드화
- 세우다　　　arrêter　아헤떼
- 기다리다　　attendre　아떵드흐

도움이 되는 **활용 어휘**

렌터카

• 임대료	location	로까씨옹
• 보증금	caution	꼬씨옹
• 보험	assurance	아쉬헝스
• 추가요금	supplément	쉬쁠레멍
• 운전면허증	le permis de conduire	뻬흐미 드 꽁뒤흐
• 고장나다	en panne	엉 빤느
• 주행거리	kilométrage	낄로메트하쥬
• 타이어	pneu	쁘뇌
• 밧데리	batterie	바트히
• 엔진	moteur	모뙤흐
• 세차	lavage d'une voiture	라바쥬 된 부와뛰흐
• 수리	réparation	헤빠하씨옹

렌터카 · 버스

버스

• 버스	**bus**	뷔쓰
• 시내버스	**autobus**	오또뷔쓰
• 고속버스	**autucar**	오또까흐
• 버스역	**arrêt de bus**	아헤 드 뷔쓰
• 지하철역	**métro**	메트호
• 입구	**entrée**	엉트헤
• 출구	**sortie**	쏘흐띠
• 표	**ticket**	띠께
• 10매권	**carnet**	까흐네
• 정기권	**carte orange**	까흐또항쥬
• 일주일권	**une carte hebdomadaire**	윈 까흐뜨 에브도마데흐
• 한달권	**une carte mensuelle**	윈 까흐뜨 망슈엘
• 문	**porte**	뽀흐뜨
• 노선표	**plan**	쁠렁

교통

길묻기
기차
전철
렌터카
택시
버스
활용
어휘

숙 박 호텔

모든 호텔은 별1에서 별4L(디럭스)까지 5단계로 구분되고, 호텔 입구의 간판에 표시되어 있다. 6월과 9월, 10월은 국제적인 이벤트가 많아 미리 예약이 필요하다.

호텔의 종류

★★★★L 디럭스급

세계적인 V.I.P들이 머무는 최고급 시설의 호텔로 전통을 자랑하는 고전적인 호텔과 근대적 시설을 갖춘 대형호텔이 있다.

★★★★ 고급

★★★★L의 디럭스보다는 못하지만 화려하고 수준이 있다. 호텔 내에 레스토랑이나 바가 있고, 룸서비스도 가능하며, 쾌적한 시설과 서비스를 자랑한다.

★★★ 일반

기본적인 설비와 서비스를 갖춘 표준적인 호텔로 대부분의 객실에 욕실, 화장실, 전화기가 구비되어 있다.

★★ 중급

비교적 쾌적한 호텔로 방에 따라 욕실, 화장실이 구비되어 있지 않을 수도 있다. 실용적인 여행자에게 편리하다.

★ 경제급

관광호텔로 최저한의 조건을 갖춘 경제적인 호텔이다. 욕실과 화장실은 공통으로 사용하는 경우가 많다.

😀 프론트 réceptione

체크인, 체크아웃, 열쇠 관리 등을 하는 곳이다. 체크인, 체크아웃, 환전은 **caisse** 계산대에서 한다.

😀 귀중품보관함 consigne

외출시 여권이나 현금 등의 귀중품은 프론트의 귀중품보관함에 맡겨두는 것이 좋다.

😀 욕실 bains

실내에 욕실, 화장실의 구비여부는 호텔의 등급에 따라 다르다. 샤워 커튼을 반드시 욕조 안쪽으로 늘어뜨려 밖으로 물이 흘러나가지 않도록 주의한다.

😀 열쇠 clef

객실문은 자동적으로 잠기는 자동문이 대부분이므로 방을 나올 때는 반드시 열쇠나 룸카드를 가지고 나온다.

😀 팁 pourboire

짐을 날아주는 포터에게는 짐 1개당 1유로, 룸메이드에게는 1~2유로를 팁으로 주는 것이 일반적이다.

숙박

언제 어디서나 숙박이 가능하나, 성수기(7~8월)에는 예약을 하는 편이 좋다.

 자주 쓰이는 표현_1

■ 어떤 방을 드릴까요?

부 불레 껠 띱 드 샹브흐

Vous voulez quel type de chambre?

⋯▶ 아침식사 포함된 방을 원합니다.

쥬 부드해 윈 샹브흐 아베끄 쁘띠데쥬네

Je voudrais une chambre avec petit déjeuner.

바꿔 말하기

• 샤워	une douche	윈두슈
• 욕실	une salle de bains	윈쌀드뱅
• 화장실	les toilettes	레 뚜왈레뜨
• 전망이 좋은	une belle vue	윈발뷔

호텔은 별 하나인 호텔부터 별 4개 디럭스인 고급 호텔까지 있
으며, 유스호스텔은 가격이 호텔에 비해 싼 편이다.

 ⟩자주 쓰이는 표현_2 ⟨

■ 얼마나 숙박하실 예정입니까?

부 헤스떼 꽁비앵 드 쥬흐

Vous restez combien de jours?

- -

⋯⟩ 3일간입니다.

트화 쥬흐

3 jours.

숙박
체크인
룸
서비스
시설
이용
체크
아웃
유스
호스텔
활용
어휘

바꿔 말하기

• **하룻밤**	une unit	윈 뉘
• **일주일**	une semaine	윈 스맨느
• **10일**	10 jours	디 쥬흐
• **한 달**	un mois	앵무와

유용한 표현

▼ 빈 방 있습니까?

아베 부 윈 샹브흐 리브흐
Avez-vous une chambre libre?

▶ 예약했습니까?

부 자베 윈 헤제흐바씨옹
Vous avez une réservation?

▼ 김이라는 이름으로 방을 예약했습니다.

줴 헤제흐베 윈 샹브흐 오 농 드 김
J'ai réservé une chambre au nom
de KIM.

▼ 방을 볼 수 있겠습니까?

부 뿌베 몽트헤 라 샹브흐
Vous pouver montrer la chambre?

▼ 방을 바꾸고 싶습니다.

쥬 부드해 샹줴 드 샹브흐
Je voudrais changer de chambre.

▼ 이 방이 마음에 드는데요.

쎄뜨 샹브흐 므 쁠래
Cette chambre me plaît.

▼ 오늘 하루만 묵을 것입니다.

쐴멍 뿌흐 쓰 쓰와흐
Seulement pour ce soir.

▼ 방값을 지금 내야 합니까? 나갈 때 내야 합니까?

쥬 뻬이 맹뜨넝 우 엉 빠흐떵
Je paye maintemant ou en
partant?

▼ 아침식사 포함입니까?

느 쁘띠데죄네 에 꽁프히
Le petit déjeuner est compris?

▼ 몇 시에 문을 닫습니까?

아 깰 뢰흐 부 페흐메 라 뽀흐뜨
A quelle heure vous fermez la porte?

▶ 숙박부를 기입해 주세요.

헝쁠리쎄 라 피슈, 씰 부 쁠레
Remplissez la fiche, s'il vous plaît.

▶ 열쇠는 여기 있습니다.

부왈라 라 끌레
Voilà la clef.(clé)

* 열쇠는 clé, clef의 두가지 형태.

▼ 여기는 217호실입니다.

이씨 라 성브흐 되썽 디쎄뜨
Ici la chanbre 217.

▼ 내일 아침 6시에 깨워주시겠습니까?

부 뿌베 므 헤베이예 드맹 마땡
Vous pouvez me réveiller
à 6 heures demain matin?

▼ 내일 아침식사를 방에서 하고 싶습니다.

쥬 부드해 르 쁘띠 데죄네 덩 마 성브흐
Je voudrais le petit- déjeuner
dans ma chambre.

▼ 약 7시 반 경에요.

베흐 쎄뛰헤 드미
Vers 7 heures et demi.

숙박

별 3개 이상의 호텔에서는 룸서비스가 가능하다. 주로 모닝콜, 식사, 세탁에 대한 서비스를 제공해준다.

 〉자주 쓰이는 표현_1 〈

■ 여기 10호인데요. 배게 하나 더 갖다주세요.

알로, 이씨 라 샹브흐 디쓰

Allô, ici la chambre 10.

어 노트흐 오헤이으, 씰 부 쁠레

Un autre oreiller, s'il vous plaît.

···› 네, 알겠습니다. [선생님, 부인, 아가씨]

위, [무슈/마담/마드모아젤]

Oui, [Monsiur, Madame,
Mademoisille].

바꿔 말하기

• 담요	une autre couverture	위노트흐 꾸벡뛰흐
• 비누	un savon	앵 싸봉
• 포도주	une bouteille de vin	윈 부떼이으드뱅
• 수건	une serviette	윈 쎄흐비애뜨

룸서비스 ■ ■ ■ ■

별 2개 이하의 호텔이나 유스호스텔 등에서는 룸서비스가 없는
경우가 대부분이다.

 ˙자주 쓰이는 표현_2 ˙

> ■ 이것을 세탁해 주시겠습니까?
>
> 부 뿌베 도네 쓰씨 아 네뚜와이에
>
> **Vous pouvez donner ceci à
> nettoyer?**
>
> ---
>
> ⋯ 네, 언제까지 해드리면 될까요?
>
> 위, 쥐스까 껑
>
> **Oui, jusqu'à quand?**

체크인
**룸
서비스**
시설
이용
체크
아웃
유스
호스텔
활용
어휘

바꿔 말하기

| • 수선하다 | réparer | 헤빠헤 |
| • 다리다 | repasser | 흐빠쎄 |

111
왕초짜 여행프랑스어

유용한 표현

▼ 외부에 전화하고 싶습니다.

쎄 뿌흐 윈느 꼬뮈니까씨옹 엑쓰떼히외흐
C'est pour une communication
extérieure.

▶ 8번을 누르십시오.

아쀠예 르 위뜨
Appuyez le 8.

▼ 저한테 온 메시지가 있습니까?

일리아 앵 메싸쥬 뿌흐 모와
Il y a un message pour moi?

▼ TV가 고장입니다.

라 뗄레 에 떵 빠느
La télé est en panne.

▼ 맥주 한 병 가져다주세요.

원 부떼이으 드 비에흐, 씰 부 쁠레
Une bouteille de bière, s'il vous plaît.

▼ 난방을 좀 더 [약하게/세게] 해 주십시오.

쇼페 라 샹브흐 [모앵/쁠뤼] 포흐
Chauffez la chambre [moins/plus] fort.

▼ 룸 서비스를 부탁합니다.

쥬 부드헤 드 세흐비쓰 데따쥬
Je voudrais de service détage.

숙박

대부분의 고급호텔에는 레스토랑, 수영장, 바, 회의실과
같은 편의시설이 갖춰져 있다.

 〉자주 쓰이는 표현_1 〈

- 이 호텔에는 <u>수영장</u>이 있습니까?

  일리아 윈 삐씬느 덩 로뗄

  Il y a une piscine dans l'hôtel?

···➤ 네, 있습니다.

  위, 일리엉나 윈

  Oui, il y en a une.

바꿔 말하기

· 스낵바	un casse-croûte	앵 까쓰 크후뜨
· 미장원	un salon de coiffure	앵 쌀롱 드 꾸와퓌흐
· 카지노	un casino	앵 까지노
· 회의실	une salle de conférence	윈 쌀드 꽁페헝쓰

╲자주 쓰이는 표현_2 ╱

- 커트와 드라이 해주세요.

  꾸쁘 에 브허슁, 씰 부 쁠래

  Coupe et brushing, s'il vous plaît.

··· 네, 알겠습니다.

  위, 다꼬흐

  Oui, d'accord.

바꿔 말하기 ....

• 퍼머	permanante	뻬흐마넝뜨
• 샴푸	shampooing	셩뿌왕
• 염색	coloration	꼴로하씨옹
• 세팅	mise en plis	미정쁠리

유용한 표현

▼ 회의실로 안내해 주십시오.

우 에 라 쌀 드 꽁페헝쓰
Où est la salle de conférence?

▼ 팩스를 사용하고 싶습니다.

쥬 부드헤 므 쎄흐비흐 뒤 팍쓰
Je voudrais me servir du fax.

▼ 식당은 어디에 있습니까?

우 에 라 쌀 라 멍줴
Où est la salle à manger?

▼ 이것을 좀 맡겨 주십시오.

갸흐데 싸 씰 부 쁠래
Gardez ça s'il vous plaît.

▼ 언제 돌아오십니까?

부 헝트헤 껑
Vous rentrez quand?

▼ 시간 약속을 하고 싶습니다.

쥬 부드해 프헝드흐 헝데부
Je voudrais prendre rendez- vous.

▼ 동전세탁실이 있습니까?

일리아 윈 라브히 오또매띠끄
Il y a une laverie automatique?

▼ 세탁을 부탁합니다.

쥬 부드해 엥 쌔흐비쓰 드 블랑씨싸쥬
Je voudrais un service de
blanchissage.

▼ 우표는 어디에서 팝니까?

우 에쓰 꽁 뿌 아쉬떼 데 땅브흐
Où est-ce qu'on peut acheter
des timbres?

▼ 방청소를 해 주십시오.

넷뜨와이에 라 셩브흐, 씰 부 쁠래
Nettoyez la chambre, s'il vous
plaît.

숙박

호텔의 체크아웃 시간은 보통 11시~12시이다. 체크아웃을 할 때는 프론트에 가서 계산을 하고 영수증을 받도록 한다.

 자주 쓰이는 표현_1

■ 언제 체크아웃 하시겠습니까?

껑 불레 부 헤글레 보트흐 성브흐

Quand voulez-vous régler votre chambre?

⋯▸ 11시에 체크아웃 하겠습니다.

아 옹죄흐

A 11 heures.

바꿔 말하기

• 오늘 오후	cet après-midi	쎄 따프헤 미디
• 내일 아침	demain matin	드맹 마땡
• 하루 일찍	un jour en avant	윈앵 쥬흐 어나벙
• 하루 늦게	un jour plus tard	앵 쥬흐 쁠뤼 따흐

자주 쓰이는 표현_2

■ 하룻밤 더 묵고 싶습니다.

쥬 부드헤 헤스떼 앵 쥬흐 드 쁠뤼쓰

Je voudrais rester un jour de plus.

- -

···› 좋습니다.

빠 드 프호블램

Pas de problème.

숙박
체크인
룸
서비스
시설
이용
**체크
아웃**
유스
호스텔
활용
어휘

바꿔 말하기

•3일간	3 jours	트화쥬흐
•일주일	une semaine	윈 스맨느

유용한 표현

▼ 체크아웃 하겠습니다.

쥬 베 끼떼 마 셩브흐
Je vais quitter ma chambre.

▼ 내일 아침 일찍 출발하려고 합니다.

쥬 빠흐띠해 또, 드맹 마땡
Je partirai tôt, demain matin.

▼ 지금 체크아웃 할 수 있습니까?

쥬 부드헤 헤글레 마 셩브흐 맹뜨넝
Je voudrais régler ma chambre
maintenant.

▶ 열쇠를 주시겠습니까?

비앙 쒸흐. 라 끌레 씰 부 쁠래
La clef, s'il vous plaît.

- -

▼ 여기 있습니다.

르 부왈라
Le voilà.

▼ 짐꾼을 불러 주십시오.

아뽀흐떼 모와 앵 뽀흐뙤흐
Apportez-moi un porteur.

▼ 제 가방을 3시까지 맡아 주십시오.

갸흐데 마 발리즈 쥐스까 트화 죄흐
Gardez ma valise jusqu'à
3 heures.

▼ 수표로 지불해도 되겠습니까?

쥬 뾔 뻬이예 엉 쉐끄
Je peux payer par chèque?

▼ 계산서를 주십시오.

도네 모와 라디씨옹
Donnez-moi l'addition.

숙박

유스호스텔의 장점은 값이 저렴하고 세계 각국의 젊은
이들을 많이 접할 수 있다는 것이다. 단, 성탄, 신년 등
의 휴일에는 문을 닫을 수도 있으므로 미리 전화로 확

 자주 쓰이는 표현_1

■ 싼 호텔을 소개해 주십시오.

흐꼬멍데 모아 꿸끄 조뗄 빠 쉐흐

Recommandez-moi quelques hôtels pas chers.

- -

···▶ 유스호스텔은 어떻습니까?

꼬멍 에 로베흐쥬 드 죄네쓰

Comment est l'auberge de jeunesse?

바꿔 말하기

•기숙사	des doctoirs	데 독뚜와흐
•민박	de petites pensions	드 쁘띠뜨 뻥씨옹

인을 해둔다. 그리고 방학 중에는 학교의 기숙사를 개방하여 여
행자들에게 빌려주기도 한다. 배낭여행시 이런 장소를 선택하는
것도 하나의 방법이다.

 `자주 쓰이는 표현_2`

- 냄비를 빌리고 싶습니다.

  쥬 부드헤 앵프헝떼 윈 까스홀

  **Je voudrais emprunter
  une casserole.**

⋯▸ 또 필요한 것은 없습니까?

  빠 도트흐 쇼즈

  Pas d'autres choses?

바꿔 말하기

·버너	un rechaud	앵 흐쇼
·베개	un oreiller	앵노헤이에
·성냥	des allumettes	데 잘뤼메뜨
·담요	une couverture	윈 꾸베흐뛰흐

유용한 표현

▼ 유스호스텔은 매일 엽니까?
로베흐쥬 드 죄네쓰 에 뚜쥬흐 우베흐뜨
L'auberge de jeunesse est toujours ouverte?

▼ 몇 시부터 접수 받습니까?
아 껠뢰흐 수브흐 라 헤쎄씨옹
A quelle heure s'ouvre la réception?

▷ 회원증은 가지고 있습니까?
부 자베 라 까흐뜨 드 멍브흐
Vous avez la carte de membre?

▼ 회원증이 없는데요. 여기서 만들 수 있습니까?
쥬 내 빠 라 까흐뜨 드 멍브흐. 쥬 뿌헤 프헝드흐 엥 나본느멍
Je n'ai pas la carte de membre.
Je pourrais prendre un abonnement?

▼ 요리를 해도 됩니까?

옹 뾔 패흐 라 뀌진느
On peut faire la cuisine?

▼ 얼음을 얻을 수 있습니까?

쥬 피 아브와흐 드 라 글라쓰
Je peux avoir de la glace?

▼ 샤워는 어디에서 합니까?

우 에 라 두슈
Où est la douche?

▼ 짐은 어디에 둡니까?

우 메 똥 데 바가쥬
Où met-on des bagages?

▼ 주의할 점이 있습니까?

일리아 깰끄 쇼자 패흐 아떵씨옹
Il y a quelque chose à faire
attention?

도움이 되는 활용 어휘

체크인

• 호텔	hôtel	오뗄
• 침실	chambre	샹브흐
• 프론트	réception	헤쎄씨옹
• 안내	consierge	꽁씨에흐쥬
• 고객	client	끌리엉
• 비상구	sortie de secours	쏘흐띠 드 쓰꾸흐
• 지하	sous-sol	쑤쓸
• 1층	rez-de-chausée	헤드쇼쎄
• 2층	premier étage	프허미에 에따쥬
• 멤버쉽카드	carte de membre	까흐뜨 드 멍브흐
• 회원증	carte d'abonnement	까흐뜨 다본느멍
• 수하물보관소	consigne	꽁씬뉴
• 열쇠	clef	끌레
• 마스터키	passe-partout	빠쓰빠흐뚜
• 추가요금	supplément	쒸쁠레멍

체크인 · 시설이용

- 영수증　　　reçu　흐쉬
- 엘리베이터　ascenseur　아썽쐬흐
- 계단　　　　escalier　에스꺌리에
- 샤워　　　　douche　두슈
- 욕실　　　　salle de bains　쌀드뱅
- 욕조　　　　baignoire　배뉴와흐
- 세면대　　　lavabo　라바보
- 화장실　　　toilettes　뚜왈렛
- 로비　　　　hall　알
- 커피샵　　　café　까페

시설이용

- 로비　　　　hall　알
- 접수처　　　réception　헤쎄씨옹
- 식당　　　　restaurant　헤스또헝
- 스낵 바　　　casse-croûte　까쓰 크후뜨

도움이 되는 활용 어휘

- 커피숍　　　café　까페
- 디스코 텍　discothèque/ boîte　디스꼬떽/부와뜨
- 수영장　　　piscine　삐씬
- 미장원　　　salon de coiffure　쌀롱 드 꼬와쀠흐
- 약국　　　　pharmacie　파흐마씨
- 회의실　　　salle de conférence　쌀 드 꽁페헝쓰
- 약속　　　　rendez-vous　헝데부

체크아웃

- 체크아웃　régler la note　헤글레 라 노뜨
- 숙박카드　fiche d'inscription　피슈 댕스크힙씨옹
- 회계원　　caissier(ère)　깨씨에(애흐)
- 계산서　　note　노뜨
- 영수증　　reçu　흐쉬
- 현금　　　éspece　에스뻬스
- 신용카드　carte de crèdit　까흐뜨 드 크헤디

체크아웃 · 유스호스텔

- 비자카드   **carte visa** 까흐뜨 비자
- 짐꾼   **porteur** 뽀흐뙤흐
- 불편   **incommodité** 앵꼬모디떼

유스호스텔

- 유스호스텔   **auberge de jeunesse** 오베흐쥬 드 죄네쓰
- 합숙   **dortoirs** 도흐뚜와흐
- 민박   **petite pension** 쁘띠뜨 뺑씨옹
- 회원증   **carte de membre** 까흐뜨 드 멍브흐
- 수하물 보관소   **consigne** 꽁씬뉴
- 시트   **drap** 드하
- 냄비   **casserole** 까쓰홀
- 주의   **attention** 아떵씨옹
- 샤워장   **douche** 두슈
- 부엌   **cuisine** 뀌진

식사

프랑스 요리는 소재선택, 조리법, 담아서 내는 방법과 요리에 맞는 와인을 선택하고, 먹을 때의 분위기를 조성하는 것까지의 방대한 노하우를 축적한 하나의 문화라고 할 수 있다.

🫓 레스토랑 restaurant

최고급에서 작은 비스트로까지 종류가 많다. 별 3개짜리 레스토랑은 최고급에 해당한다. 별 2개인 고급레스토랑에 갈 때는 미리 예약을 하고 가도록 한다.

🫓 비스트로 bistro

원래는 와인을 파는 가게였는데, 지금은 부담 없이 들어갈 수 있는 작은 레스토랑을 의미한다.

🫓 브랏슬리 brasseri

다양한 음료수와 주로 맥주와 간단한 음식을 먹는 간편한 레스토랑으로, 주로 노천에 테이블을 펼쳐놓고 일반 시민이 많이 이용한다.

🐼 카페 café

보도에 테이블을 늘어놓은 카페는 파리의 명물이다. 찻집과 바를 겸한 듯한 것으로 가벼운 식사도 할 수 있다. 화장실, 전화 등을 이용할 수 있어 아주 편리하다.

🐼 이용방법

대개 상점 앞에 메뉴와 가격을 게시해 둔 곳이 많으므로 확인을 한 다음 레스토랑에 들어갈지 아닐지를 결정하는 것이 좋다.

고급식당이나 인기 있는 가게에서는 예약을 필요로 하는데 예약은 호텔의 concierge 꽁씨에흐쥬 카운터 에서 부탁하는 것이 좋다.

가게에 도착하면 예약을 했다고 말하고 garçon 갸흐송 종업원이 자리를 안내해 줄 때까지 기다린다. garçon은 담당 좌석이 정해져 있기 때문에 주문에서 지불까지 모두 같은 종업원에게 부탁한다.

계산을 할 때는 테이블에 앉은 채로 계산서를 부탁한다. 계산서를 접시에 올려 가지고 오면 그 금액을 지불한다. 대부분의 가게에는 서비스료가 포함되어 있지만 그래도 잔돈 정도는 팁으로 테이블에 놓아두고 온다.

🐼 영업시간

영업시간은 점심이 12시~15시까지, 저녁은 18시~22시까지가 일반적이다.

식사

고급 레스토랑은 미리 예약을 하지 않으면 자리가 없을 수도 있고, 가서 많이 기다려야 하므로 가능한 한 예약

 〉자주 쓰이는 표현_1 〈

■ 파리 레스토랑입니다.

빠히 헤스또헝, 봉쥬흐

Paris restaurant, bonjour.

···› 두 사람 분 자리를 예약하려고 합니다.

쥬 부드헤 헤제흐베 윈 따블르 뿌흐 되 뻬흐쏜느

Je voudrais réserver une table pour 2 personnes.

바꿔 말하기

- **일요일 저녁**   pour dimanche soir   뿌흐 디멍슈 스와흐
- **오늘 저녁**   pour ce soir   뿌흐 쓰 쓰와흐

을 하고 가도록 한다. 또 분위기를 신경 쓰는 고급 레스토랑에서
는 정장차림을 요구하기도 한다.

 〉자주 쓰이는 표현_2 〈

- **넥타이를 매야 합니까?**

  쥬 두와 뽀흐떼 윈 크하바뜨

  Je dois porter une cravate?

…▸ **아닙니다. 그럴실 필요 없습니다.**

농, 쎄 빠 라뺀

Non, c'est pas la peine.

바꿔 말하기

• **상의**	une veste	윈 베스뜨
• **치마**	une jupe	윈 쥐쁘
• **드레스**	un robe	엥 호브

유용한 표현

▼ 근처에 괜찮은 식당이 있습니까?

일리아 데 봉 헤스또헝 프해 디씨
Il y a des bons restaurants près d'ici?

▼ 창가의 좌석을 예약하고 싶습니다.

아 꼬떼 들라 프내트흐
A côté de la fenêtre.

- -

▶ 죄송합니다. 좌석이 모두 예약되었습니다.

쥬 스위 데졸레. 뚜 떼 꽁쁠레
Je suis désloé(e). Tout est complet.

▼ 6시에 예약을 하고 싶습니다.

쥬 부드해 헤제흐베 뿌흐 씨죄흐
Je voudrais réserver pour 6 heures.

▶ 몇 시에 오실 예정입니까?

부 브네 아 깰뢰흐
Vous venez à quelle heure?

▼ 7시입니다.

아 쎄뙤흐
A 7 heure.

▼ 세 사람이 갈 예정입니다.

누 씀 트화
Nous sommes 3.

▼ 그럼 7시 30분에 가겠습니다.

봉, 누브농 아 쎄뙤흐에 드미
Bon, nous venons à 7:30.

식사

예약
주문
패스트
푸드
계산
활용
어휘

식사

주문할 때 프랑스어에 자신이 없으면 메뉴를 보고 손가락으로 자기가 먹고 싶은 것을 가리켜서 시키거나 옆사람이 먹는 것과 같은 것을 주문하는 것도 하나의 방법

 〉자주 쓰이는 표현_1 〈

■ 무엇을 드시겠습니까?

께스끄 부 불레

Qu'est-ce que vous voulez?

‥‥› 이 레스토랑의 특별요리는 무엇입니까?

꼘레 보트흐 스뻬씨알리떼

Quelle est votre spécialité?

바꿔 말하기

- **향토요리** la specialité de ce région
  라 스뻬씨알리떼 드 쓰 헤죵

- **오늘의 요리** le plat du jour
  르 쁠라 뒤 쥬흐

이다. 특히, 주류나 음료수를 시킬 때 종류별로 가격차가 크므로
확실히 알아본 후 주문한다.

〉자주 쓰이는 표현_2 〈

■ 고기는 어떻게 해서 드시겠습니까?

꼬멍 불레부 보트흐 비엉드

Comment voulez-vous votre viande?

┄┄➔ <u>완전히 익혀 주십시오.</u>

비앵 뀌, 씰 부 쁠래

Bien cuit, s'il vous plaît.

식사

예약
주문
패스트
푸드
계산
활용
어휘

바꿔 말하기

• **적당히 익힌 것**   à point   아 뿌앵
• **덜 익은 것**   saignant   쌔녕

▶ 주문하시겠습니까?

부 불레 꼬멍데
Vous voulez commander?

▼ 메뉴를 주십시오.

라 까흐뜨, 씰 부 쁠래
La carte, s'il vous plaît

▼ 오늘의 요리는 무엇입니까?

깰레 르 쁠라 뒤 쥬흐
Quel est le plat du jour?

▼ 이 지방의 향토요리는 무엇이 있습니까?

깰레 라 스뻬씨알리떼 드 라 헤지용
Quelle est la specialité de la région?

▼ 나중에 주문 하겠습니다.

쁠뤼 따흐
Plus tard.

▼ 저것과 같은 요리를 하겠습니다.

아쁘흐떼 모와 르 맴 쁠라 끄 쓸뤼 라
Apportez-moi le même plat que
celui-là.

▼ 이것을 주십시오.

쥬 프헝 쓸뤼씨
Je prends celui-ci.

▼ 샐러드는 어떤 종류가 있습니까?

일리아 깰 쏘흐뜨 드 쌀라드
Il y a quelles sortes de salade?

▼ 이 지방의 와인은 있습니까?

부자베 데 뱅 드 라 헤쥐옹
Vous avez des vins de la région?

▼ 와인 리스트를 보여 주십시오.

라 리스뜨 드 뱅, 씰 부 쁠래
La liste de vin, s'il vous plaît.

식사

여행시 간단하고 경제적으로 식사를 할 수 있는 곳이
패스트푸드점과 간이판매대이다.

 〉자주 쓰이는 표현_1 〈

■ <u>겨자소스</u>를 뿌려 주세요.

아 라 쏘쓰 드 무따흐드

A la sauce de moutarde.

···▶ 그 밖에는요?

에 도트흐 쇼즈

Et d'autres choses?

바꿔 말하기

• 케첩	Au ketchup	오 케첩
• 마요네즈	A la mayonaise	알 라 마이요네즈
• 잼	A la confiture	알 라 꽁피뛰흐
• 버터	Au beurre	오 뵈흐

제과점에서 파는 빵 종류도 내용물에 따라 가격이 달라지는 경우도 있다.

＞자주 쓰이는 표현_2 ＜

- 양파는 빼고 주십시오.

  엉르베 로뇽, 씰 부 쁠래

  Enlevez l'oignon, s'il vous plaît.

···▶ 알겠습니다.

다꼬흐

D'accord.

식사

예약
주문
패스트
푸드
계산
활용
어휘

바꿔 말하기

•상추	la laitue	라 레뛰
•토마토	la tomate	라 토마뜨
•치즈	le fromage	르 프호마쥬
•햄	le jambon	르 졍봉

▼ 이것을 주십시오. 메뉴를 가리키며

쥬 쁘항 싸
Je prends ça.

▼ 콜라를 주십시오.

앙 꼬까, 씰 부 쁠래
Un coca, s'il vous plaît.

▼ 햄버거 하나와 콜라 작은 것을 하나 주십시오.

어 넝부흐게 에 앵 쁘띠 꼬까, 씰 부 쁠래
Un hamburger et un petit coka,
s'il vous plaît.

▶ 가져가실 겁니까? 여기서 드실 겁니까?

아 엉뽀흐데 우 쒸흐 쁠라쓰
A emporter ou sur place?

- -

▼ 가지고 갈 겁니다.

아 엉뽀흐데
A emporter.

▼ 여기서 먹을 겁니다.

쒸흐 쁠라쓰
Sur place.

▼ 양파와 치즈를 넣어 주세요.

드 로뇽 에 뒤 프호마쥬, 씰 부 쁠래
De l'oignon et du fromage,
s'il vous plaît.

▼ 빨대는 어디에 있습니까?

우 송 데 빠이으
Où sont des pailles?

▼ 이 자리에 앉아도 됩니까?

쥬 뿌 마쑤와흐 이씨
Je peux m'asseoir ici?

식사

고급 레스토랑에서는 계산서에 서비스료가 포함되었어
도 웨이터의 서비스가 마음에 들었을 경우 계산서의

 ﹥자주 쓰이는 표현_1 ﹤

■ 수표도 받습니까?

부 작쎄떼 르 쉐끄

Vous acceptez le chèque?

- -

···▶ 물론입니다.

비앵 쉬흐

Bien sûr.

바꿔 말하기

• 신용카드　　la carte de crédit　　르 까흐뜨 드 크헤디
• 여행자 수표　le chèque de voyage　르 쉐끄 드 봐야쥬

10%~15% 정도를 팁으로 주거나 테이블 위에 놓고 나온다.

 〉자주 쓰이는 표현_2 〈

> ■ 무엇이 포함된 것입니까?
>
> 께스끼에 꽁프히 덩 르 프히
>
> ## Qu'est qui est compris dans le prix?
>
> ---
>
> ⋯ 세금 포함입니다.
>
> 르 딱쓰
>
> Le taxe.

바꿔 말하기

· **서비스료**	le service	르 쎄흐비쓰
· **팁**	le pourboire	르 뿌흐부와흐

유용한 표현

▼ 계산서를 주십시오. 계산해 주십시오

라디씨옹, 씰 부 쁠래
L'addition, s'il vous plaît.

▼ 전부 얼마입니까?

싸 패 꽁비앵 엉 뚜
Ça fait combien en tout?

▼ 각자 지불합시다.

뻬이용 쎄빠해멍
Payons séparément.

- -

▶ 네, 잠깐 기다리십시오.

앵 모멍
Un mement.

▼ 선불입니까?

쥬 두와 빼이에 어나벙
Je dois payer en avant?

▼ 여행자 수표도 받습니까?

부 작쎄떼 르 쉐끄 드 봐야쥬
Vous acceptez le chèque de voyage?

▶ 물론입니다. 여기에 서명해 주십시오.

비앵 쉬흐. 씨니예 라, 씰 부 쁠래
Bien sûr. Signez là, s'il vous plaît.

▼ 잔돈이 틀립니다.

싸 느 꼬헤스뽕 빠 오 깔뀔
Ça ne correpond pas au calcul.

▼ 팁입니다.

쎄 뿌흐 부
C'est pour vous.

도움이 되는 **활용 어휘**

예약

- 식당 　　　　restaurant 　헤스또헝
- 프랑스식당 　Restaurant français 　헤스또헝 프헝쌔
- 이태리식당 　Restaurant italien 　헤스또헝 이딸리앵
- 중국식당 　　Restaurant chinois 　헤스또헝 쉬누와
- 일본식당 　　Restaurant japonais 　헤스또헝 좌뽀내
- 한국식당 　　Restaurant coréen 　헤스또헝 꼬해앵
- 카페테리아 　Caféteria 　카페떼히야
- 패스트푸드점 　Fast Food 　패스트 푸드
- 요리 　　　　plat 　쁠라
- 식사 　　　　repas 　흐빠
- 아침식사 　　petit-déjeuner 　쁘띠 데죄네
- 점심식사 　　déjeuner 　데죄네
- 저녁식사 　　dîner 　디네
- 향토 음식 　　specialité de la région
　　　　　　　스뻬씨알리떼 들라 헤쥐옹

예약 · 주문

- 야채요리　　plat végétarien　쁠라 베줴따히앵
- 에어컨 시설이　climatisé　끌리마띠제
  되어 있는

주문

- 식사　　　repas　흐빠
- 아침식사　petit déjeuner　쁘띠 데죄네
- 점심식사　déjeuner　데죄네
- 저녁식사　dîner　디네
- 간식　　　goûter　구떼
- 전채　　　hors-d'oeuvre　오흐되브흐
- 앙트레　　entrée　엉트헤
- 주요리　　plat principal　쁠라 프행씨빨
- 후식　　　dessert　데쎄흐
- 음료　　　boisson　부와쏭
- 고기　　　viande　비엉드
- 쇠고기　　boeuf　뵈프

도움이 되는 **활용 어휘**

- 송아지고기　　　veau　보
- 토끼고기　　　　lapin　라뺑
- 양고기　　　　　mouton　무뚱
- 새끼양고기　　　agneau　아뇨
- 등심　　　　　　faux-filet　포피예
- 새고기　　　　　volaille　볼라이으
- 닭고기　　　　　poulet　뿔레
- 오리고기　　　　canard　까나흐
- 메추리고기　　　caille　까이으
- 칠면조고기　　　dinde　댕드
- 감자튀김 곁들인　steak-hachet frites
　햄버그 스테이크　스떽아쉐 프히뜨
- 넙적다리　　　　gigot　쥐고
- 갈비　　　　　　côte　꼬뜨
- 갈비뼈 사이 고기　entrecôte　엉트흐꼬뜨
- 달팽이　　　　　escargot　에스까흐고

주문

• 생선	poisson	뿌와쏭
• 앤초비	anchois	앙슈와
• 새우	crevette	크허베뜨
• 해산물	fruit de mer	프휘 드 메흐
• 바다가재	homard	오마흐
• 대하	langouste	렁구스뜨
• 굴	huître	위트흐
• 연어	saumon	쏘몽
• 가자미	sole	쏠
• 참치	thon	똥
• 채소	légumes	레큠므
• 아스파라거스	asperge	아스뻬흐쥬
• 가지	aubergine	오베흐쥔
• 호박	courgette	꾸흐쮀뜨
• 당근	carrot	까호뜨
• 샐러리	célerie	쎌르히

도움이 되는 **활용 어휘**

• 버섯	champignon	샹삐뇽
• 배추	chou	슈
• 꽃배추	chou-fleur	슈 플뢰흐
• 오이	concombre	꽁꽁브흐
• 시금치	épinard	에삐나흐
• 강남콩	haricot	아히꼬
• 상치	laitue	래뛰
• 무	navet	나베
• 양파	oignon	오뇽
• 쌀	riz	히
• 감자	pomme de terre	뽐 드 때흐

패스트푸드

• 햄버거	hamburger	앙부흐게
• 핫도그	hot dog	앗 도그

주문 · 패스트푸드

· 소시지	saucisson	쏘씨쏭
· 피자	pizza	피짜
· 스파게티	pâtes	빠뜨
· 치킨	chicken	취킨
· 튀긴 감자	frites	프히뜨
· 애플 파이	tarte aux pommes	따흐또 뽐므
· 우유	lait	래
· 콜라	coke	꼬끄
· 사이다	soda	소다
· 생수	eau minérale	오 미네할
· 작은 것	petit	쁘띠
· 큰 것	grand	그헝
· 냅킨	serviette	쎄흐비에뜨
· 포크	fourchette	푸흐쉐뜨
· 빨대	paille	빠이으
· 셀프서비스	self-service	쎌프 쎄흐비쓰

쇼 핑

멋쟁이의 거리 파리. 그곳에서는 유명브랜드의 패션과 장신구에서 향수, 와인에 이르기까지 여러 가지 세계의 일류품이 쇼핑의 대상이 된다. 한정된 시간을 효율적으로 사용하기 위해, 또 생각 없이 예산을 초과하여 당황하지 않기 위해서라도 미리 쇼핑목록을 만들어 두자.

🐹 상점가/백화점

백화점은 오페라하우스의 안쪽에 갸를리 라파이에트와 쁘렝땅백화점 등이 나란히 들어서 있다.

🐹 바겐세일

Soldes 바겐세일 은 일년에 2번 정도 있다. 겨울에는 1월 초경부터, 여름에는 6월 중순경부터 시작한다. 할인율은 30~50% 정도가 일반적이다.

🐛 VAT 면세

프랑스에서 물건을 구입하면 대부분 VAT라는 부가가치세가 부과된다. 그러나 외국인 여행자가 한 가게에서 일정금액 이상의 물건을 산 경우에 한해 세액이 면세되는 제도가 있다.

면세수속방법은 여권을 제시하고 서류에 자기의 이름과 주소를 기입하면 된다. 가게주인이 핑크색의 판매명세서 복사본 2통과 녹색 복사본 1통과 봉투를 건네주는데, 출국 시에 구입한 물품을 보여주면 공항의 세관에서 스탬프를 찍어준다. 핑크색 복사본 중 1통은 세관에서 보관하고 나머지 1통은 봉투에 넣어 물품을 구입한 가게로 반송되며, 녹색의 복사본은 자신이 가진다. 귀국 후, 3개월 정도 지나면 세금분 금액의 수표가 한국으로 보내진다. 신용카드로 지불을 한 경우에는 면세액으로 청구된다.

또, 거리나 공항에 있는 면세점에서는 처음부터 면세가격으로 물건을 구입할 수도 있다.

🐛 영업시간

일반적으로는 오전 10시~오후 7시까지 영업을 한다. 주의할 것은 백화점을 비롯하여 대부분의 상점이 일요일, 휴일에는 문을 열지 않는 것이다. 점심시간이나 월요일 오전에는 영업을 쉬는 곳도 있다.

쇼핑하기

1년에 두 번 정도 세일을 실시하며 세일기간에 한 가게에서 2벌 이상 구입할 때는 정찰제를 실시하는 곳에서도 흥정 가능하다.

 〉자주 쓰이는 표현_1〈

■ 무엇을 찾으세요?

부 데지헤

Vous désirez?

···▶ 바지를 한 벌 사려고 합니다.

쥬 쉑슈 앵 뻥딸롱

Je cherche un pantalon.

바꿔 말하기

• 쟈켓	une veste	윈 베스뜨
• 레인코트	un imperméable	앵 앵뻬흐메아블
• 스웨터	un pull	앵 쀨
• 흰 브라우스	un chemisier blanc	앵 슈미지에 블렁

파리의 베네통 매장에서도 마찬가지다.

 자주 쓰이는 표현_2

■ 마음에 드세요?

싸 부 쁠래

Ça vous plaît?

┄ 좀 더 큰 것을 원합니다.

쥬 부드해 깰끄 쇼즈 드 쁠뤼 그헝

Je voudrais quelque chose de plus grand.

바꿔 말하기

•더 작은 것	plus petit	쁠뤼 쁘띠
•더 싼 것	moins cher	모앵 쉐흐
•더 수수한 것	plus discret	쁠뤼 디스크헤
•좀 더 화려한 것	plus voyant	쁠뤼 브와이영

▼ 흰색 블라우스를 찾습니다.

쥬 쉐슈 앵 슈미지에 블렁
Je cherche un chemisier blanc.

▼ 진열대에 있는 노란 원피스를 보여주세요.

몽트헤 모와 라 호브 죤 덩 라 비트힌
Montrez-moi la robe jaune dans
la vitrine.

▶ 치수가 몇이세요?

부 패뜨 깰 따이으
Vous faites quelle taille?

- -

▼ 제 치수를 모릅니다.

쥬 느 쎄 빠 마 따이으
Je ne sais pas ma taille.

▼ 다른 치수를 보여주세요.

몽트헤 모아 위 노트흐 따이으
Montrz-moi une autre taille.

▼ 입어볼 수 있을까요?

삐쥬 레쎄이예
Puis-je l'essayer?

▼ 탈의실이 어디입니까?

우 쏭 레 까빈 데쎄이야쥬
Où sont les cabines d'essayage?

▼ 거울이 어디에 있습니까?

우 에 르 미흐와흐
Où est le miroir?

▼ 너무 꽉 낍니다.

쎄 트호 쎄헤
C'est trop serré.

▼ 너무 화려해요.

쎄 트호 브와이영
C'est trop voyant.

쇼핑하기

주로 향수, 와인, 화장품 등을 면세점이나 전문점에서 선물로 많이 산다.

 〉자주 쓰이는 표현_1〈

> - 제 <u>남편</u>에게 줄 선물을 하나 사려고 합니다.
>
>   쥬 부드해 야슈떼 앵 까도 뿌흐 몽 마히
>
>   **Je voudrais acheter un cadeau pour mon mari.**
>
> ┄┄ 이것은 어떻습니까?
>
>   부왈라
>
>   **Voilà.**

바꿔 말하기

• 부모님	mes parents	메 빠헝
• 아내	ma femme	마 팜므
• 남자친구	mon copain	몽 꼬뺑
• 여자친구	ma copine	마 꼬삔

한꺼번에 많이 사고 후회하는 수도 있으니 계획적으로 구입하는 게 좋겠다.

 `자주 쓰이는 표현_2`

- 이 지방의 특산물은 무엇입니까?

  깰 레 라 쓰뻬씨알리떼 로깔

  Quelle est la spécialité locale?

⋯⟶ <u>적포도주</u>입니다.

  쌔 르뱅후쥬

  C'est le vin rouge.

바꿔 말하기

• 바구니	la vannerie	라 반느히
• 도자기	la porcelaine	라 뽀흐쓸랜
• 까망베르치즈	le camembert	르 까멍베흐
• 백포도주	le vin blanc	르 뱅 블렁

쇼핑하기

 자주 쓰이는 표현_3

- 향수 한 병을 사려고 합니다.

  쥬 부드해 아슈떼 앵 빠흐팽

  Je voudrais acheter un parfum.

···▶ 남성용을 찾으세요, 여성용을 찾으세요?

  쎄 뿌흐 래 좀므 우 래 팜므

  C'est pour les hommes ou les femmes?

바꿔 말하기

• 체취 제거제	un déodorant	앵 데오도헝
• 오드 뜨왈렛	une eau de toilette	위노드 뚜왈렛
• 퍼퓸	une eau de parfum	위노드 빠흐팽

자주 쓰이는 표현_4

- 반지를 사고 싶습니다.

  쥬 부드해 아부와흐 윈 바그

  Je voudrais avoir une bague.

··· 어떤 보석으로 된 것을 원하세요?

  엉 깰 삐애쓰 프헤씨외즈

  En quelle pièce précieuse?

바꿔 말하기

- **팔찌** un bracelet 　　　　　　　 앵 브하쓸레
- **목걸이** un pendentif/un collier 앵 뻥덩띠프/앵 꼴리에
- **귀걸이** une pair de boucle d'oreille
  　　　　 윈 빼흐 드 부끌 도헤이으
- **선글라스** des lunettes de soleil 　데 뤼넷뜨 드 쏠레이으

▼ 너무 수수해요.

쎄 트호 디스크헤
C'est trop discret.

▼ 예, 마음에 듭니다.

위, 싸 므 쁠래
Oui, ça me plaît.

▼ 별로예요.

빠 트호
Pas trop.

▼ 다른 색깔은 없습니까?

부 나베 빠 도트흐 꿀뢰흐
Vous n'avez pas d'autres couleurs?

▼ 다른 것을 보여주세요.

몽트헤 모아 앵(윈) 오트흐
Montrez-moi un(une) autre.

▶ 이건 어떠세요?

부 재매 슬뤼라
Vous aimez celui-là?

▼ 이 색깔이 마음에 들어요.

라 꿀뢰흐 므 쁠래
La couleur me plaît.

▼ 얼마입니까?

싸 꾸뜨 꽁비앙
Ça coûte combien?

- -

▶ 가격은 250유로입니다.

싸꾸뜨 되썽 쌩껑드 프헝
Ça coute 250 euros.

- -

▼ 너무 비싸네요.

쎄 트호 쉐흐
C'est trop cher.

쇼핑

옷
고르기
물건
고르기
활용
어휘

도움이 되는 **활용 어휘**

옷 고르기

- 맞춤복   sur mesure   쒸흐 므쥐흐
- 기성복   prêt-à-porter   프헤따뽀흐떼
- 아동복   vêtement pour les enfants
  배뜨멍 뿌흐 레 정펑
- 숙녀복   vêtement pour les femmes
  배뜨멍 뿌흐 레 팜므
- 신사복   vêtement pour les hommes
  배뜨멍 뿌흐 레 좀므
- 오버코트   pardessus   빠흐드쒸
- 코트   manteau   멍또
- 레인코트   imperméable   앵뻬흐메아블
- 야회복   robe décollectée   호브 데꼴렉떼
- 양복 상하의   complet   꽁쁠레
- 상의   veste   베스뜨
- 바지   pantalon   뻥딸롱
- 블라우스   chemisier/corsage   슈미지에/꼬흐싸쥬

옷 고르기

- 치마　　　　　　**jupe** 쥐쁘
- 원피스　　　　　**ensemble** 엉썽블
- 투피스　　　　　**tailleur** 따이외흐
- 티셔츠/스웨터　**pull** 쀨
- 폴로티　　　　　**polo/chemise sport** 뽈로/슈미즈 스뽀흐
- 넥타이　　　　　**cravate** 크하바뜨
- 모자　　　　　　**chapeau** 샤뽀
- 손수건　　　　　**mouchoir** 무슈와흐
- 목도리　　　　　**foulard** 풀라흐
- 스카프　　　　　**écharpe** 에샤흐쁘
- 스타킹　　　　　**collant** 꼴렁
- 양말　　　　　　**chaussettes** 쇼쎄뜨
- 멜빵　　　　　　**bretelle** 브허뗄
- 브래지어　　　　**soutien-gorge** 쑤띠앵 고흐쥬
- 팬티　　　　　　**slip** 슬립
- 면　　　　　　　**coton** 꼬똥

도움이 되는 활용 어휘

- 마　　　　　lin 랭
- 모　　　　　laine 렌느
- 견　　　　　soie 스와
- 나일론　　　nylon 닐롱
- 폴리에스테르　polyester 뽈리에스떼흐
- 긴　　　　　long 롱
- 짧은　　　　court 꾸흐
- 큰　　　　　grand 그헝
- 작은　　　　petit 쁘띠
- 두꺼운　　　épais 에뻬
- 가벼운　　　léger 레줴
- 브이네크　　décolleté en pointe 데꼴렉떼 엉 뽀앵뜨
- 스퀘어네크　décolleté carré 데꼴렉떼 까헤
- 보트네크　　décolleté bateau 데꼴렉떼 바또
- 체크무늬의　écossais 에꼬쎄
- 소매　　　　manche 멍슈

옷 고르기

- 주머니   poche   뽀슈
- 치수   taille   따이으
- 프랑스식 치수   taille française   따이으 프헝쎄즈
- 미국식 치수   taille américaine   따이으 아메히껜느
- 흰색   blanc   블렁
- 검은색   noir   누와흐
- 빨간색   rouge   후쥬
- 노란색   jaune   존느
- 초록색   vert   베흐
- 보라색   violet   비올레
- 주홍색   orange   오헝쥬
- 금색   or   오흐
- 회색   gris   그히
- 갈색   brun   브횡
- 밤색   marron   마홍
- 베이지색   beige   배쥬

쇼핑

옷
고르기
물건
고르기
활용
어휘

도움이 되는 **활용 어휘**

물건 고르기

- 목걸이　　　　pendentif/collier　뻥덩띠프/꼴리에
- 결혼반지　　　alliance　알리엉쓰
- 넥타이핀　　　épingle à cravate　에뺑글라 크하바뜨
- 보석　　　　　bijou　비쥬
- 금　　　　　　or　오흐
- 순금　　　　　or pur　오흐쀠흐
- 백금　　　　　platine　쁠라띤
- 은　　　　　　argent　아흐정
- 순은　　　　　argent massif　아흐정 마씨프
- 사파이어　　　saphir　싸피흐
- 다이아몬드　　diamant　디아멍
- 루비　　　　　rubis　휘비
- 산호　　　　　corail　꼬하이으
- 에메랄드　　　émeraude　에메호드
- 시계　　　　　montre　몽트흐
- 시계줄　　　　chaîne　쉔느

물건 고르기

- 향수　　　　　parfum　빠흐펭
- 백화점　　　　grand magasin　그헝 마가쟁
- 면세점　　　　boutique hors taxe　부띠끄 오흐딱쓰
- 그림　　　　　tableau　따블로
- 장난감 자동차　voiture miniature　브아뛰흐 미니아뛰흐
- 인형　　　　　poupée　뿌뻬
- 엽서　　　　　carte(postale)　까흐뜨(뽀스딸)
- 우표　　　　　timbre　땡브흐
- 기념품　　　　souvenirs　쑤브니흐
- 특산물　　　　spécialité　스뻬씨알리떼
- 라이터　　　　briquet　브히께
- 선물　　　　　cadeau　까도
- 세일　　　　　solde　쏠드
- 지하　　　　　au sous-sol　오 쑤쏠
- 1층　　　　　au rez-de-chaussée　오 헤드쇼쎄
- 2층　　　　　au premier étage　오 프허미에 헤따쥬
- 3층　　　　　au deuxième étage　오 되지애메따쥬

쇼핑

옷
고르기
물건
고르기
활용
어휘

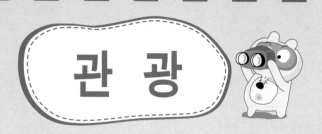

관 광

파리는 그다지 크지는 않은 도시이지만, 볼거리가 밀집해 있다. 우선 관광을 하기 전에 파리의 지리에 대한 감각을 키워두는 것이 바람직하다.

지도를 펼치고 에펠탑이나 개선문, 콩코드 광장이라는 랜드마크, 또 세느강, 루브르 박물관 등의 위치를 머리 속에 넣어두자. 맨 처음에는 에펠탑이나 라 데팡스, 노트르담 대성당 등의 전망대에 올라가 보는 것도 좋다. 또 관광버스를 타고 논스톱의 시내일주 코스에 참가하는 것도 현명한 방법이다.

블록 간의 이동은 지하철로 하는 것이 편리하다. 버스나 택시는 막힐 우려가 있으므로 주의를 해야 한다.

샹제리제 중앙여행안내소
Office de Tourisme de Paris

샹제리제가 127번지에 있다. 기본적인 여행준비는 미리 준비해가겠지만 현지의 여행안내소를 들르면 생각하지 못한 알찬 정보를 얻는 경우가 있다.

🔘 기타 안내소

- 북역·동역·리옹역·몽빠르나스역 (8~21시, 일요일 : 휴무)
- 오스테루 릿치역 (8~15시, 일요일 : 휴무)
- 에펠탑 (5~9월의 매일 : 11~18시)
- *평일과 주말은 기차시간표가 다른 것에 유의한다.

🔘 관광투어

관광시간이 충분하지 않을 때는 버스를 타고 하는 관광투어를
이용하는 것이 좋다. 파리 시내 관광 뿐만 아니라 파리 근교로
가는 관광도 있다.
파리시내의 대표적 관광회사는 **Cityrama** 시티라마사 와 **Paris
Vision** 파리비전 의 2개 회사가 있다. 신청은 관광안내소, 호텔
의 프론트에서 할 수 있다.

🔘 관광안내소

시내지도와 각종 관광 팜플렛, 투어정보, 공연정보 등을 얻을
수 있는 것 외에 호텔예약도 적은 수수료로 부탁할 수 있다.
대개 영어와 프랑스어가 통한다. 파리에 도착했을 때, 호텔예
약을 해 두지 않았다면 안내소에서 숙박할 곳을 확보해 두는
것이 무난하다.

관광

대도시 역마다 관광안내소가 있으나, 보통 9시~오후 6시까지 근무하며 성수기를 제외하고는 점심시간 (12시

 〉자주 쓰이는 표현_1 〈

■ 단체관광이 있습니까?

이 아 띨 데 비지뜨 오흐가니제

Y a-t-il des visites organisées?

- -

⋯ 물론입니다.

위, 일리엉나

Oui, il y en a.

바꿔 말하기

• 유람선관광	en bateau	엉 바또
• 가이드관광	guidées	기데
• 빛과 소리공연	des son et lumière	데 쏭 에 뤼미에흐
• 르와르강가 성 관광	des châteaux de la Loire	데 샤또 들라 루와흐

~2시)에는 문을 닫는다. 지도와 안내서는 영어나 프랑스어로 되어 있고 무료이다.

 자주 쓰이는 표현_2

■ 이 도시에서 가볼만한 곳을 추천해주세요.

깰 쏭 데 씨뜨 뚜히스띠끄 덩 쎄뜨 빌

Quelles sont des sites touristiques dans cette ville?

┈┈▶ 노트르담 성당에 가보세요.

옹 나 라 노트흐담 드 빠히

On a la Notre-Dame de Paris.

바꿔 말하기

• **오페라하우스**   l'Opéra   오뻬하
• **식물원**   le jardin botanique   르 쟈흐댕 보따닉

유용한 표현

▼ 관광안내소가 어디에 있습니까?

우 에 로피쓰 드 뚜히즘
Où est l'office de tourisme?

▼ 리옹 시의 지도가 필요합니다.

줴 브주왕 댕 쁠렁 들라빌 드 리옹
J'ai besoin d'un plan de la ville de
Lyon.

▼ 무료 시내지도를 한 장 주세요.

앵 쁠렁 그하뛰이 들 라 빌, 씰 부 쁠래
Un plan gratuit de la ville,
s'il vousplaît.

▼ 가 볼 만한 역사적 유적지나 기념물이 어디입니까?

꾈 쏭 레 모뉘멍 이스또히까 비지떼
Quels sont les monuments historiques
à visiter?

▼ 도시 중심부를 돌아보고 싶어요.

쥬 부드해 패흐 앵 뚜흐 뒤 썽트흐 빌

Je voudrais faire un tour du centre-ville.

▼ 이 도시에서 가 볼만한 곳을 추천해 주세요.

뿌베 부 므 흐꼬멍데 깰끄 정드화 들 라 빌

Pouvez-vous me recommander quelques endroits de la ville?

▼ 박물관은 몇 시에 문을 닫죠?

레 뮤제 패흠므 아 깰 뢰흐

Les musées ferment à quelle heure?

▼ 무슨 요일에 휴관합니까?

깰 쥬흐 들 라 스맨느 에쓰 페흐메

Quels jours de la semaine est-ce fermé?

▼ 이곳에서 가장 오래된 까페는 무엇입니까?

깰 레 르 쁠뤼 비유 까페 들라 빌
Quel est le plus vieux café de la ville?

▼ 르와르 강가 고성방문을 하고 싶습니다.

쥬 부드해 비지떼 데 샤또 들라 루와흐
Je voudrais visiter des châteaux de la Loire.

▼ 하루일정 관광입니까?

쎄 땅 부와야쥬 뒨 쥬흐네
C'est un voyage d'une journée?

▼ 몇 시에 시작되지요?

라 비지뜨 꼬멍쓰 아 깰 뢰흐
La visite commence à quelle heure?

▼ 시간이 얼마나 걸리지요?

꽁비앙 드 떵 뒤흐 쓰 부와야쥬
Combien de temps dure ce voyage?

▼ 이 가격에 식비도 포함됩니까?

레 흐빠 쏭 꽁프히
Les repas sont compris?

▼ 어디에서 예약할 수 있죠?

우 쀠똥 패흐라 헤제흐바씨옹
Où peut-on faire la réservation?

▼ 목요일 코스로 두 장 예약하겠습니다.

쥬 프헝 되 쁠라쓰 뿌흐 죄디
Je prends deux places pour jeudi.

관광

미술관, 박물관을 관람할 때는 가방이나 휴대품은 물품
보관소에 맡겨야 한다. 하지만 관람 도중 목이 마르거

 〉자주 쓰이는 표현_1 〈

■ 한국어로 된 안내서가 있습니까?

아베 부 데 브호쉬흐 엉 꼬헤엉

**Avez-vous des brochures en
coréen?**

⋯▸ 여기 있습니다.

레 브왈라

Les voilà.

바꿔 말하기

• 영어	anglais	엉글레
• 불어	français	프헝쎄
• 일본어	japonais	좌뽀네
• 독일어	allemand	알멍

나 배가 고플 것을 대비하여 작은 물병이나 초콜렛 등을 넣은 작은 손가방은 지니고 있도록 한다.

 ＞자주 쓰이는 표현_2 ＜

■ 사진을 찍어주시겠어요? 저는 이 그림 앞에 있을게요.

뿌베 부 므 프헝드흐 엉 뽀또/쥬 므 메 드벙 르 따블로

Pouvez-vous me prendre en photo?
Je me mets devant le tableau.

⋯⋗ 좋습니다.

쥬브정 프히. 알레지

Je vous en prie. Allez-y.

관광

관광
안내소
관광지
활용
어휘

바꿔 말하기

•동상	la statue	라 스따뒤
•기념물	le monument	르 모뉘멍
•유람선	le bateau	르 바또
•에펠탑	la Tour Eiffel	라 뚜흐 에펠

▼ 개인가이드는 하루에 얼마입니까?

빠흐 쥬흐, 껠레 르 따히프 덩 귀드
Par jour, quel est le tarif d'un
guide?

▼ 관광버스가 있습니까?

이 야 띨 데 비짓트 오흐거니제 엉 까흐
Y a-t-il des visites organisées en
car?

▼ 인기 있는 투어는 무엇입니까?

껠 쏭 레 비지뜨 레 쁠뤼 싼떼헤쌍뜨
Quelles sont les visites les plus
intéressantes?

▼ 표는 어디에서 살 수 있습니까?

우 뿌똥 아쉬떼 데 띠께
Où peut-on acheter des tickets?

▼ 팜플렛은 어디에 있지요?

부자베 데 브호쉬흐
Vous avez des brochures?

▼ 이 곳에서 가장 활기찬 구역은 어디 입니까?

우쓰트르브 르 까흐띠에 르쁠뤼 자니메
Où se trouve le quartier le plus animé?

▼ 그곳에 어떻게 가야 합니까?

꼬멍 이 알래
Comment y aller?

▼ 가이드 관광을 하고 싶습니다.

쥬부드해 패흐 라비지뜨 기대
Je voudrais faire la visite guidée.

유용한 표현

▼ 사진을 찍어도 됩니까?

에스 꽁 뿌 프렁드흐 윈 뽀또
Est-ce qu'on peut prendre une photo?

▼ 플래시를 터뜨려도 괜찮습니까?

온 뿌 유띨리제 앙 플랏쉬
On peut utiliser un flash?

▶ 플래시를 터트리지 마세요.

빠드 플래슈
Pas de flash.

▶ 사진촬영이 금지되어 있습니다.

일래 땡때흐디 드 포토그하피애
Il est interdit de photographier.

▼ 사진을 좀 찍어 주시겠습니까?

뿌베 부 므 프헝드흐 엉 뽀또
Pouvez-vous me prendre en photo?

▼ 이 버튼을 누르면 됩니다.

아쀠얘 쒸흐 르부똥
Appuyez sur le bouton.

▶ 셔터를 누르겠습니다./사진 찍어도 됩니까?

준비됐나요?

부젯 프해
Vous etes prêt?

- -

▼ 예, 찍으세요.

위, 주쉬 프해
Oui, je suis prêt.

▼ 당신의 사진을 찍어도 되겠어요?

쀠쥬 프헝드흐 윈 포또 드 부
Puis-je prendre une photo de
vous?

관광
관광
안내소
관광지
활용
어휘

도움이 되는 **활용 어휘**

관광안내소

- 관광안내소　l'office de tourism　로피쓰 드 뚜히즘
- 통역　interprétation　앵떼흐프헤따씨옹
- 안내설명서　brochure　브호쒸흐
- 전체관광　grand tour　그헝뚜흐
- 부분관광　petit tour　쁘띠뚜흐
- 관람, 구경　visite　비지뜨
- 가이드　guide　가드
- 유료　payant　뻬이영
- 무료　gratuit　그하뛰이
- 중심가　centre-ville　썽트흐빌
- 분수　fontaine　퐁땐느
- 광장　place　쁠라쓰
- 유명한　réputé　헤쀠떼
- 역사적인　historique　이스또히끄
- 들어가지 마시오　Ne pas entrer　느빠엉트헤
- 만지지 마시오　Ne pas toucher　느빠뚜쉐

관광안내소 · 관광지

관광지

- 표   ticket   띠께
- 필름   film   피흥므
- 플래쉬   flash   플래슈
- 사진기   appareil de photo   아빠해이으드 포또
- 건전지   pile(sèche)   삘 쌔슈
- 셔터   bouton   부똥
- 박물관   musée   뮈제
- 미술관   musée des beaux-arts   뮈제 대 보자흐
- 전시회   exposition   엑스뽀지시옹
- 대성당   cathédrale   까때드할
- 교회   église protestante   에글리즈 프호떼스떵뜨
- 성당   église catholique   에글리즈 까똘릭
- 물품보관소   dépôt   대뽀
- 검표원   contrôleur   꽁트홀뢰흐
- 입구   entrée   엉트헤
- 출구   sortie   쏘흐띠

여 흥

유럽은 프랑스에 있다라는 말처럼 모든 문화의 중심이라고 자부하는 프랑스에는 패션, 영화, 문학, 미술 등 여러 가지 문화가 있다.

🐹 나이트클럽

백년의 전통을 가진 프렌치 캉캉의 물랑루즈, 세련된 쇼로 알려진 리도, 우수한 스트립의 크레이지 호오스 등은 세계적인 유명한 나이트클럽이다. 또 가볍게 술을 마시면서 이야기를 즐길 수 있는 산소니에는 몽마르트에 많다.

🐹 공연

오페라는 오페라하우스, 연극이라면 코메디 프랑세즈가 대표적이다. 이런 엔터테인먼트 정보는 거리의 간이판매점 등에서 팔고 있는 Pariscope 파리스코-푸 라는 잡지에 상세히 실려 있다. 호텔 등에 구비해 둔 작은 안내책자 This week in Paris 도 이용가치가 높다.

🎬 극장 cinéma

동시에 여러 편을 상영하며, 학생들에게는 할인가격이 적용된다. 성인 영화는 전용극장에서 따로 상영한다.

오페라, 발레, 연극 등의 경우, 직접 극장의 창구에서 사는 것이 확실하다.

🎬 스포츠

웅대한 알프스와 피레네에서의 스키-, 지중해연안의 리조트에서는 요트와 윈드서핑, 샴페뉴와 브로고뉴에서는 하늘에서 포도원이나 고성의 조명을 즐길 수 있는 열기구 타기 등이 있다.

🎬 카지노

세계의 카지노를 대표하는 몬테카를로를 포함하여 남프랑스의 코-트, 다쥬르를 중심으로 형성되어 있는 카지노도 한번은 가 볼만한 곳이다.

🎬 기타

르와르의 고성이나 코-트다쥬르 등에서 개최되는 빛과 음악의 잔치 Son et lumière 쏭 에 르미에르 등 각 고성마다 자신들의 특기를 살린 행사들을 준비하여, 대부분 특정 요일에만 공연한다. 빠르면 6월말부터 시작해 8월초나 중반까지 실시된다. 이 외, 스펙터클, 르망의 자동차레이스, 몬테카를로의 F1 그랑프리, 경마 등도 기회가 있다면 관전해 볼 만 하다.

여흥

프랑스인에게 sortir 저녁외출 는 레스토랑에서의 식사,
영화, 연극관람, bar 바 나 디스코텍에 가는 것 등을 말
한다.

 〉자주 쓰이는 표현_1 〈

■ <u>디스코텍</u>에 가시겠습니까?

불레 부 알레 알라 부와뜨

Voulez-vous aller à la boîte?

- -

⋯ <u>좋은 곳</u>으로 안내해 주십시오.

흐꼬멍데 무와 윈 본느 부와뜨

Recommandez-moi une bonne
boîte.

바꿔 말하기

• 카지노	au casino	오 까지노
• 극장	au cinéma	오 씨네마
• 술집	au bar	오 바흐
• 오페라하우스	à l'opéra	아 로뻬하

엔터테인먼트 ∎∎∎

말을 못한다고 호텔에서만 저녁을 보낼 것이 아니라, 프랑스에서
의 밤을 즐기는 것도 좋다.

 〉자주 쓰이는 표현_2 〈

■ 무엇을 하고 싶습니까?

께스끄 부 불레 패흐

Qu'est-ce que vous voulez faire?

╌╌╌╌╌╌╌╌╌╌╌╌╌╌╌╌╌╌╌╌╌╌╌╌╌╌

⋯ 축구 경기를 보고 싶습니다.

쥬 부드해 부와흐 앵 맛취 드 풋볼

Je voudrais voir un match de football.

여흥

엔터
테인먼트

활용
어휘

바꿔 말하기

• 스키	du sky	뒤 스끼
• 농구	de basketball	드 바스껫볼
• 윈드서핑	de la planche à voile	들라 쁠렁슈 아 보왈
• 테니스	de tennis	떼니쓰

유용한 표현

▼ 저와 함께 디스코텍에 가시겠습니까?

부 불레 알레 알라 부와뜨 아벡 무와
Vous voulez aller à la boîte avec moi?

▼ 저와 춤추시겠습니까?

불레 부 덩쎄 아벡 무와
Voulez-vous danser avec moi?

▼ 오늘밤엔 쇼가 있습니까?

일리아 윈 스뻭따끌 쓰 쓰와흐
Il y a une spectacle ce soir?

▼ 어떤 종류의 음악이 나옵니까?

껠 장흐 드 뮈직 빠쓰 똥 이씨
Quel genre de musique passe-t-on ici?

▼ 방해하지 말아 주세요. 이상한 사람이 접근할 때

레쎄 므와 트항낄
Laissez-moi tranquille

▼ 입장료는 얼마입니까?

쎄 꽁비앙, 렁트헤
C'est combien, l'entrée?

▼ 음료수값 포함입니까?

라 꽁쏘마씨옹 에 꽁프히즈
La consommation est comprise?

▼ 가방을 맡아주시겠습니까?

부 뿌베 갸흐데 몽 싹
Vous pouvez garder mon sac?

여흥

엔터
테인먼트
활용
어휘

▼ 미인이십니다.

부 재뜨 트해 졸리
Vous êtes très jolie.

▼ 저는 당신에게 반했습니다.

쥬 스위 아무회(즈) 드 부
Je suis amoureux(se) de vous.

▼ 축구경기에 관한 정보를 얻고 싶은데요.

쥬 부드해 맹포흐매 쒸흐 르 맛취 드 풋볼
Je voudrais m'informer sur le
match de football.

▼ 어느 팀이 경기를 합니까?

깰 제끼쁘 쥬
Quelles équipes jouent?

▼ 성인표 2장 주십시오.

되 쁠라쓰, 씰 부 쁠레
Deux places, s'il vous plaît.

▼ 성인2명, 어린이1 명입니다. 얼마입니까?

되 싸둘뜨 에 안낭팡, 싸 패 꽁비앙
Deux adultes et un enfant,
ça fait combien?

▼ 학생 할인요금이 있습니까?

이아띨 윈 헤닥씨옹 뿌흘레 제뛰디엉

Y a-t-il une réduction pour
les étudiants?

▼ 아직 표가 남아있습니까?

일 헤스뜨 엉흐흐 데 비예

Il reste encore des billets?

▼ 경기는 몇 시에 시작합니까?

르 맛취 꼬멍쓰 아 깰뢰흐

Le match commence à quelle
heure?

▼ 재입장이 가능합니까?

옹 뿌 쏘흐띠흐 에 앙뜨헤 드 누보

On peut sortir et entrer de
nouveau?

▼ 근처에 스키장이 있습니까?

일리아 윈 스따씨옹 드 스끼 프해 디씨
Il y a une station de ski près d'ici?

▼ 1일용 리프트 티켓 주십시오.

앵 포흐패 알라 쥬흐네 드 뗄레씨애쥬, 씰 부 쁠래
Un forfait à la journée de télésiège,
s'il vous plaît.

▼ 슬로프 안내도 한 장 주세요.

앵 쁠렁 드 삐스뜨, 씰 부 쁠래
Un plan de pistes, s'il vous plaît.

▼ 이 슬로프는 경사가 심합니까?

쌔뜨 뻥뜨 에 하삐드
Cette pente est rapide?

▼ 보증금은 얼마입니까?

쎄 꽁비앙 라 꼬씨옹
C'est combien, la caution?

▼ 스키로커는 어디 있습니까?

우 엘 라 꽁씬뉴 오또마띠끄 뿌흘레 스끼외흐

Où est la consigne automatique
pous les skieurs?

▼ 장비를 어디서 빌릴 수 있습니까?

우 옹 푀 루에 앵 네끼쁘멍

Où on peut louer un équipement?

▼ 150cm짜리 스키 주십시오.

엉 스끼 롱 드 썽쌩껑뜨 썽띠매트흐, 씰 부 쁠래

Un ski long de 150 cm,
s'il vous plaît.

▼ 40짜리 스키화 주십시오.

데 쇼쒸흐 드 까헝뜨 썽띠매트흐, 씰 부 쁠래

Des chaussures de 40,
s'il vous plaît.

여흥

엔터
테인먼트

활용
어휘

카지노/디스코텍/술집

- 디스코텍　　discothèque　디스꼬때끄
　　　　　　　boîte de nuit　부와뜨 드 뉘

- 카지노　　　casino　까지노

- 술집　　　　bar　바흐

- 무대　　　　scène　쎈느

- 파트너　　　partenaire　빠뜨네흐

- 예쁜　　　　joli(e)　졸리

- 술　　　　　consommation　꽁쏘마씨옹

- 맥주　　　　bière　비에흐

- 와인　　　　vin　뱅

- 위스키　　　whisky　위스끼

- 보드카　　　vodka　보드꺄

- 샴페인　　　champagne　샹빠뉴

- 칵테일　　　cocktail　꼭따이으

- 음료　　　　boisson　부와쏭

- 춤추다　　　danser　덩쎄

엔터테인먼트

스포츠

- 축구   football   풋볼
- 야구   baseball   바즈볼
- 농구   basketball   바스껫볼
- 배구   volley-ball   볼레볼
- 골프(장)   (terrain de)golf   (때행 드)골프
- 수영   natation   나따씨옹
- 수영장   piscine   삐씬느
- 테니스(코트)   (terrain de)tennis   (때행 드)떼니쓰
- 스케이트   patinage   빠띠나쥬
- 스케이트장   patinoire   빠띠느와흐

  *겨울이면 파리시청앞에 스케이트장이 만들어지는데 스케이트화만 빌리면 무료로 이용할 수 있다.

- 윈드서핑   planche à voile   쁠렁샤 브왈르
- 스키장   station de ski   스따씨옹 드 스끼
- 리프트   télésiège   뗄레씨애쥬
- 스키강습   leçon de ski   르쏭 드 스끼
- 스키화   chaussures de ski   쇼쉬흐 드 스끼

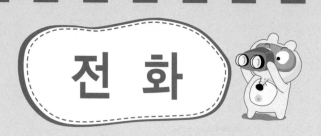

전 화

한국으로 전화를 걸 때는 각자 본인 휴대전화를 이용할 수도 있고 호텔 객실 내 전화기나 공중전화를 사용하여 수신자부담 전화를 할 수도 있다. 국제전화선불카드를 구입해서 일반전화로 걸면 비교적 저렴하게 이용할 수 있다.

📱 휴대전화 사용

이제는 세계 어디를 가든 휴대전화 하나만 있으면 통화뿐만 아니라, 메신저로 연락을 주고 받을 수 있고 이외에도 카메라, 네비게이션으로 활용하고 인터넷을 통해 여러 정보를 얻기에 아주 유용하다.외국에서 휴대전화를 사용하는 방법은 다음과 같다.

첫째는 외국으로 출발하기 전에 미리 국내에 가입되어 있는 기존 통신사에 로밍서비스를 이용하는 것, 두번째는 외국 도착 후에 공항이나 시내에서 또는 국내에서 USIM유심칩 또는 eSIM이심 구입하여 사용하는 방법이다. 세번째는 국내에서 포켓용 와이파이를 미리 대여해 가는 것이다.

각각 장단점이 있으므로 비용이 유리한 쪽이나 편리한 쪽으로 선택하면 된다.

📞 국제전화 걸기

국제전화 서비스번호	▶	국가번호	▶	국내 지역번호	▶	전화번호 휴대전화번호

★ 프랑스에서 한국 서울의 123-4567로 전화할 때

00 + 82 + 2 + 123-4567

국제전화
서비스번호 ___ 한국 ___ 서울 ___ 전화번호 ___

▸ 국내 지역번호의 '0'은 사용하지 않음
▸ 서울 : 02 → 2 / 부산 : 051 → 51 / 인천 : 032 → 32

★ 프랑스에서 한국 휴대전화 010-1234-5678로 전화할 때

00 + 82 + 10-1234-5678

국제전화
서비스번호 ___ 한국 ___ 휴대전화번호 ___

▸ 휴대전화번호 앞자리의 '0'은 사용하지 않음

전 화

프랑스의 공중전화기는 카드전화기이며, 요즘은 핸드폰의
보급으로 공중전화기 이용이 점점 줄어드는 추세이다.

 ＞자주 쓰이는 표현_1＜

■ 김 선생님 좀 바꿔주세요.

쥬 부드해 빠흘레 아 무씨유 김

Je voudrais parler à M. KIM.

- -

⋯⋯▸ 기다리세요. 바꿔드리겠습니다.

느 끼떼 빠. 쥬 부 르 빠쓰

Ne quittez pas. Je vous le passe.

바꿔 말하기

- ~(이름) 부인 Madame~(이름) 마담~
- ~(이름) 양 Mademoiselle ~(이름) 마드모아젤~

자주 쓰이는 표현_2

- 국제교환입니다.

  로뻬하트히쓰 앵떼흐나씨오날, 봉쥬흐

  L'opératrice internationale, bonjour.

⋯→ 서울로 전화하고 싶습니다.

쥬 부드해 뗄레포네 아 쎄울

Je voudrais téléphoner à Séoul.

바꿔 말하기

- **콜렉트 콜**   PCV   뻬쎄베

▼ 서울에 콜렉트콜 부탁합니다.

쥬 부드해 아쁠레 아 쎄울 엉 뻬쎄베
Je voudrais appeler à Séoul en PCV.

▼ 한국 국가번호를 가르쳐 주십시오.

랭디꺄띠프 들라 꼬헤, 씰 부 쁠래
L'indicatif de la Corée, s'il vous plaît.

▼ 한국 교환원과 연결해 주십시오.

빠쎄 빠흘 로뻬하트히쓰 들라 꼬헤
Passez par l'opératrice de la Corée.

▼ 좀 더 천천히 말씀하세요.

빠흘레 쁠뤼 렁뜨멍
Parlez plus lentement.

▼ 좀 더 크게 말씀하세요.

빠흘레 쁠뤼 포흐
Parlez plus fort.

▶ 전화번호가 어떻게 되십니까?

깰레 보트흐 뉘메호 드 뗄레폰
Quel est votre numéro de téléphone?

- -

▼ 1234-5678입니다.

몽 뉘메호 에 르 두즈 트헝꺄트흐 쌩껑씨쓰 스와썽디즈위뜨
Mon numéro est le 12 34 56 78.

▶ 어느 분과 통화 하시겠습니까?

아 끼 불레 부 빠흘레
A qui voulez-vous parler?

- -

전화

전화
활용
어휘

▼ 김씨와 통화하고 싶습니다.

쥬 부드헤 빠흘 아 무슈 김, 씰 부 쁠레
Je voudrais parler à M. Kim, s'il vous plaît.

▶ 통화중입니다.

라 린뉴 에 또뀌뻬
La ligne est occupé.

유용한 표현

▼ 공중전화가 어디 있습니까?

우 엘 라 까빈 뗄레포니끄
Où est la canbine téléphonique?

▼ 여보세요. 전화상에서

알로
Allô.

▼ 김선생님 부탁합니다.

쥬 부드해 빠흘레 아 무씨유 김
je voudrais parler à Monsieur Kim.

▶ 누구십니까?

끼에따 라빠헤이으
Qui est à l'appareil?

- -

▼ 저는 이미나입니다.

알로, 쎄 마담. 이미나
Allô, c'est Mme. Lee Mi-Na.

▼ 김기수가 전화했다고 전해 주세요.

디뜨 뤼 끄 뮤슈 김기수 아 뗄레포네

Dites-lui que M. Kim Ki-Su a
téléphoné.

▼ 뭐라구요? 잘 안들립니다.

빠흐동 쥬 넝떵빠 트해 비앙

Pardon? Je n'entend pas très bien.

▼ 죄송합니다. 잘못 걸었습니다.

엑스뀌제 모아. 쥬 므 수위 트홍뻬 드 뉘메호

Excusez-moi. Je me suis
trompé(e) de numéro.

▼ 전화가 끊어졌습니다.

누자봉 에떼 오꾸뻬

Nous avons été coupés.

도움이 되는 **활용 어휘**

- 전화   appareil(de téléphone)
  아빠헤이으(드 뗄레폰)

- 휴대폰   téléphone portable
  뗄레폰 뽀흐따블

- 공중전화   cabine téléphonique
  까빈 뗄레포니끄

- 전화카드   télécarte   뗄레꺄흐뜨

- 전화번호부   annuaire(de téléphone)
  아뉘애흐(드 뗄레폰느)

- 전화번호   numéro de téléphone
  뉘메호 드 뗄레폰

- 콜렉트콜   PCV   뻬세베

- 지정통화   communication avec préavis
  꼬뮈니까씨옹 아베끄 프헤아비

- 바꿔주다   passer   빠쎄

- 통화중   occupé   오뀌뻬

- 혼선   embrouillié   엉부후이에

- 여보세요   allô   알로

전화

- 교환원   **opératrice**   오뻬하트히쓰
- 메세지   **message**   메싸쥬
- 내선   **téléphon interne**   텔레폰 앵떼흐느
- 국제전화   **téléphone intemational**
  텔레폰 앵떼흐나씨오날

전화

전화
활용
어휘

긴 급

물건을 분실, 도난 당하였거나 병이 나는 등의 돌발사고가 일어났을 때는 바로 전화로 교환에게 연락하면 그 사정에 따라 경찰이나 병원 등으로 연결해 준다.

언어에 자신이 없는 사람은 한국어가 통하는 곳에 연락하여 도움을 받도록 한다. 호텔에서 귀중품은 프론트 데스크의 consigne(귀중품 보관함)에 맡기고 외출시 보석이나 현금류는 절대로 방안에 두지 말고 방안에 있을 때는 잠금쇠를 잠그는 것을 잊지 않도록 한다.

약국

여행 중 감기나 설사, 두통 등 증상이 가벼울 때는 **pharmacie** 약국 을 이용하는 데, **aspirine** 아스피린 과 같은 가벼운 약은 어디서나 구입할 수 있으나 **antibiothiques** 항생물질 은 반드시 의사의 **ordonnance** 처방전 이 있어야만 살 수 있다.

🐼 병원

여행중 병이 났을 때는 호텔이나 Opérateur 전화교환 에게 부탁하여 병원에 가도록 하며 아픈 상태에 따라 관계되는 전문의를 찾아간다. 사고를 당하여 긴급한 상황에는 의료 서비스를 청한다. 병원에 갔을 때는 영수증은 이후 보험을 청구하는데 필요하므로 잘 챙겨 두도록 한다.

🐼 화장실

공중화장실은 유료화장실이 많았으나 이제는 대부분 무료로 사용할 수 있고 유료는 굉장히 드물며 길거리에 있는 공중화장실은 무료이다. 주위에 화장실이 보이지 않을 때는 근처에 있는 관공서의 화장실 역시 무료로 사용가능하고 위생이 우수하다. 지방의 경우 카페, 음식점, 상점, 은행, 서점 등에 화장실이 있다.

🐼 긴급전화

경찰 17 **소방서** 18

SAMU(의사 동승 구급차) 000

한국대사관 대표번호 01 47 53 01 01 (주간)

　　　　　 당직번호 06 80 28 53 96 (야간, 휴일)

• 주소 125 Rue De Grenlle, 75007 Paris

대한항공 01 42 61 51 74

프랑스항공 01 42 99 23 64

긴급사태

프랑스 경찰들은 대개 영어를 비롯한 외국어를 잘 몰라
동양인들을 보면 당황해하곤 한다.

 ⟩ 자주 쓰이는 표현_1 ⟨

■ 무엇을 잃어버리셨어요?

께스끄 부자베 뻬흐뒤

Qu'est-ce que vous avez perdu?

┈┈┄ 지갑을 잃어버렸습니다.

쥐 뻬흐뒤 몽 뽀흐뜨쀠이유

J'ai perdu mon portefeuille.

바꿔 말하기

• 여권	mon passeport	몽 빠스뽀흐
• 신용카드	ma carte de crédit	마 꺄흐뜨 드 크헤디
• 여행가방	ma valise	마 발리즈
• 현금	mon argent	몽 니흐정

하지만, 끈질기게 도움을 요청해서 필요한 도움을 받도록 하자.

〉자주 쓰이는 표현_2 〈

■ 무슨 일이세요?

께스낄리아

Qu'est-ce qu'il y a?

⋯▶ 지갑을 도둑맞았습니다.

옹 마 볼레 몽 뽀흐뜨뾔이유

On m'a volé mon portefeuille.

바꿔 말하기

• 가방	mon sac	몽 싹
• 은행카드	ma carte bancaire	마 까흐뜨 벙깨흐
• 차	ma voiture	마 브와뛰흐
• 여권	mon passeport	몽 빠스뽀흐

▼ 좀 도와주시겠어요?

뿌베 부 매데
Pouvez-vous m'aider?

▼ 경찰을 불러 주세요.

아쁠레 라 뽈리스
Appelez la police.

▼ 급한 일이예요!

쎄 뛰흐정
C'est urgent!

▼ 도둑이야!

오 볼뢰흐
Au voleur!

▼ 도와줘!

오 스꾸흐
Au secours!

▼ 도난 사건을 신고하고 싶습니다.

쥬 부드해 데끌라헤 앵 볼
Je voudrais déclarer un vol.

▼ 지갑을 도둑맞았어요.

옹 마 볼레 몽 뽀흐뜨쀄이유
On m'a volé mon portefeuille.

▶ 언제, 어디에서요?

껑 에 우
Quand et où?

▼ 역 입구에서 잃어버렸어요.

알 라 쏘흐띠 들 라 가흐
A la sortie de la gare.

긴급

도난
분실
질병
활용
어휘

▼ 역 안입니다.

덩 라 갸흐
Dans la gare.

▶ 그 안에 무엇이 들어있었습니까?

께스낄리아베 라 드덩
Qu'est-ce qu'il y avait là-dedans?

▼ 여권, 현금, 비자카드, 면허증 등이 있었어요.

일리아베 몽 빠스뽀흐, 몽 나흐정, 마 까흐뜨 비자, 몽
뻬흐미 드 꽁뒤흐, 엑쎄트하
Il y avait mon passeport,
mon argent, ma carte visa,
mon permis de condiure, etc.

▶ 도난증명서를 주십시오.

패뜨 모아 르 쎄흐띠피까 드 데끌라하씨옹 드 볼
Faites-moi le certificat de
déclaration de vol.

▼ 사고증명서를 주십시오.

뿌베부 에따블리흐 르 꽁스따 닥씨덩
Pouvez-vous établir le constat
d'accident?

▼ 택시에 가방을 두고 내렸어요.

쥐 우블리에 몽 싹 덩 쟁 딱씨
J'ai oublié mon sac dans un taxi.

▼ 표를 두고 왔습니다.

쥐 우블리에 몽 비예
J'ai oublié mon billet.

▼ (호텔에) 여권을 두고 왔습니다.

쥐 우블리에 몽 빠스뽀흐 (아 로뗄)
J'ai oublié mon passeport
(à l'hôtel).

▼ 카메라를 잃어버렸습니다.

옹 마 볼레 모나빠해이유 포또
On m'a volé mon appareil photo.

긴급

도난
분실
질병
활용
어휘

긴급사태

프랑스의 약국에서 약을 사려면 반드시 의사의 처방전이 필요하나 아스피린이나 반창고 같은 간단한 의약품은 처방전 없이도 구입이 가능하다.

 〉자주 쓰이는 표현_1〈

■ 머리가 아파요.

쉐 말 알 라 때뜨

J'ai mal à la tête.

- -

⋯▶ 의사를 불러드릴까요?

부 불레 꽁 나뻴 앵 메드쌩

Vous voulez qu'on appelle un médecin?

바꿔 말하기

·배	au ventre	오 벙트흐
·위	à l'estomac	알 레스또마
·심장	au coeur	오 꾀흐
·이빨	aux dents	오 덩

`자주 쓰이는 표현_2`

■ 특별히 주의할 게 있습니까?

께스끄 쥬쁴 페흐

Qu'est-ce que je peux faire?

···▸ 약을 드십시오.

프허네 데 메디까멍

Prenez des médicaments.

바꿔 말하기

• **쉬셔야 합니다**   Il faut vous reposer 일포 부흐뽀재

• **많이 걷지 마세요**   Ne marchez pas beaucoup
느 막쒜 빠 보꾸

▼ 가장 가까운 병원이 어디입니까?

우 에 로삐딸 르 쁠뤼 프호슈
Où est l'hopital le plus proche?

▼ 도와줄 사람을 불러주세요.

알레 쉐쎄 드 래드, 비뜨
Allez chercher de l'aide, vite.

▼ 몸이 안좋습니다.

쥬 므 썽 말
Je me sens mal.

▼ 감기에 걸렸습니다.

쥬 쒸 정휘메
Je suis enrhumé.

▼ 머리가 어지럽습니다.

쥐 라 때뜨 끼 뚜흔느
J'ai la tête qui tourne.

▼ 설사를 해요.

쥐 라 디아헤
J'ai la diarrhée.

▼ 여행을 계속해도 될까요?

쥬 뾔 꽁띠뉘에 몽 브와야쥬
Je peux continuer mon voyage?

▼ 이 약을 얼마나 먹어야 합니까?

정 프헝 꽁비앙
J'en prends combien?

▶ [식전/식후]에 드세요.

프허네정 [아벙/아프해] 르 흐빠
Prenez-en [avant/après] le repas.

긴급

도난
분실
질병
활용
어휘

도난

- 도난증명서   certificat de déclaration de vol
  쎅띠피꺄 드 데끌라하씨옹드 볼

- 사고증명서   attestation d'accident
  아떼스따씨옹 닥씨덩

- 분실물사무소   bureau des objets trouvés
  뷔호 데 조브줴 트후베

- 은행카드   carte bancaire   까흐뜨 벙깨흐

- 비자카드   carte visa   까흐뜨 비자

- 도둑   voleur   볼뢰흐

- 소매치기   piqueur   삐꾀흐

- 신고   déclaration   데끌라하씨옹

- 도난   vol   볼

- 급한   urgent   위흐정

- 잃어버리다   perdre   뻬흐드흐

- 잊고 그냥오다   oublier   우블리에

- 훔치다   voler   볼레

도난/분실 · 질병

- 소매치기 당하다   être piqué   (에트흐) 삐께
- 신고하다   déclarer   데끌라헤

질병

- 약국   pharmacie   파흐르마씨
- 약사   pharmacien   파흐마씨앵
- 의사   médecin   메드쌩
- 치과의사   dentiste   덩띠스뜨
- 안과의사   ophtamologiste   오프따몰로쥐스뜨
- 외과의사   chirurgien   쉬휘흐쥐앵
- 환자   malade   말라드
- 병   maladie   말라디
- 식중독   intoxication   앵똑씨까씨옹
- 위급한   urgent   위흐정
- 설사   diarrhée   디아헤
- 감기   rhume   휨

긴급

도난
분실
질병
활용
어휘

도움이 되는 **활용 어휘**

- 주사   piqûre   삐뀌흐
- 변비   constipation   꽁스띠빠씨옹
- 알약   comprimé   꽁프히메
- 아스피린   aspirine   아스삐힌
- 수면제   somnifère   쏨니패흐
- 진통제   calmant   깔망
- 혈압   tension artérielle   떵씨옹 아흐떼히앨
- 맥박   pouls   뿌
- 체온   température du corps
              떵뻬하뛰흐 뒤 꼬흐
- 탈지면   coton hydrophile   꼬똥 이드호필
- 반창고   sparadrap   스빠하드하
- 붕대   pansement   빵쓰멍
- 예방접종   vaccination   박씨나씨옹
- 기침하다   tousser   뚜쎄
- 찔린   piqué   삐께

질병

- 베다   **coupé**   꾸뻬
- 삼키다   **avaler**   아발레
- 데인   **brûlé**   브휠레

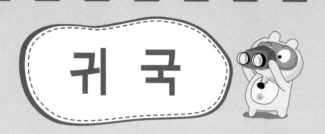

귀국

여행사의 단체 관광이 아니라면 반드시 좌석을 미리 예약하고 재확인해야 한다. 재확인하지 않으면 예약이 취소될 수도 있다. 귀국할 때는 빠뜨린 짐이 없는가를 잘 확인하고 늦지 않게 공항에 도착하도록 하자. 특히 여권과 항공권은 다시 한번 확인하자.

프랑스 출국 체크인 Enregistrement

드골 공항의 경우 제1공항은 3층(지상1층)에 있는 각 항공회사 카운터에서 체크인하고 제 2공항의 경우 **Air France**는 출발 플로어에 있는 카운터에서 좌석을 받는다. 부칠 짐이 있을 때는 체크인 카운터에 맡기고 수하물표를 받는다.

탑승수속이 끝나면 탑승권에 적혀있는 탑승 시간과 탑승 게이트를 확인한 후, 비행기 출발 20~30분전에 게이트 앞에 도착한다. 시간이 남을 경우 면세점에서 쇼핑을 해도 된다.

🐧 입국 수속

검역 ➡ 입국심사 ➡ 수하물찾기 ➡ 세관

🐧 여행자 휴대품 신고 안내

휴대품 면세범위

1. 국내 반입시, 면세점 구입품과 외국에서 구입한 물품
   총 가격이 US$800 이하인 경우
   단, 농림축산물, 한약재 등은 10만원 이하, 품목별 수량 또는 중량 제한,
   검역 합격해야 함

2. 별도 면세 상품
   - 주류 2병(합산 2ℓ 이하, US$400 이하)
   - 담배 1보루(200개비) 이내
     단, 만19세 미만의 미성년자가 반입하는 주류 및 담배는 제외
   - 향수 100㎖ 이하(기존 60㎖에서 2024년부터 상향)

국내 반입 금지 및 제한 물품

- 총포·도검 등 무기류, 실탄 및 화학류, 방사성 물질 등
- 마약류 및 오·남용 의약품
- 헌법질서·공공의 안녕질서·풍속을 해치는 물품 및 정부의
  기밀을 누설하거나 첩보 활동에 사용되는 물품
- 위조(가짜)상품 등 지식재산권 침해 물품,
  위조 지폐 및 위·변조된 유가증권
- 웅담, 사향, 녹용, 악어가죽, 상아 등 멸종위기에 처한
  야생동식물 및 관련 세품

귀국

공항에 2시간 전에 도착해야 한다는 사실을 명심해야
한다. 그리고 자신의 짐이 제한 무게를 초과할 경우 짐

 〉자주 쓰이는 표현_1 〈

■ 몇 자리를 예약하셨지요?

뿌흐 꽁비앙 드 빽쏜

Pour combien de personnes?

···› 1자리를 예약했어요.

윈쐴

Une seule.

바꿔 말하기

| · 2자리 | deux | 되 |
| · 4자리 | quatre | 까트흐 |

이 적은 동행인들에게 짐부탁을 하자. 할인티켓인 경우에는 반드시 일찍 탑승권을 받는 것이 현명하다는 것을 알아야 한다.

 〉자주 쓰이는 표현_2 〈

> ■ 어디행입니까?
>
> 쎄 뿌르 껠빌
>
> **C'est pour quelle ville?**
>
> ----
>
> ···▶ 서울행입니다.
>
> 뿌흐 쎄울
>
> **C'est pour Séoul.**

바꿔 말하기 ....

• **부산**	Pusan	뿌산
• **도쿄**	Tokyo	도꾜
• **홍콩**	Hong Kong	옹꽁그
• **런던**	Londres	롱드흐

유용한 표현

▼ 비행기 예약을 확인하고 싶습니다.

쥬부드해 흐꽁피흐매 마 헤제흐바씨옹
Je voudrais reconfirmer ma réservation.

▼ 저는 김신영입니다.

쎄 무씨유 김신영
C'est M.Kim Sin-Young.

▶ 목적지가 어디입니까?

라 데스띠나씨옹 드 깰빌
La destination de quelle ville?

- -

▼ 서울입니다. 13일 16시입니다.

드 쎄울, 쎄 르 볼 뒤 트헤즈 아 세죄흐
De Séoul. C'est le vol du 13 à 16H.

▼ 서울에는 몇 시에 도착합니까?

옹나히브 아 껠뢰하 쎄울
On arrive à quelle heure à Séoul?

▼ 식사는 몇 번 제공됩니까?

꽁비앙 드 프와 옹쎄흐 르 흐빠
Combien de fois on sert le repas?

▼ 서울까지 1등석 왕복티켓입니다.

앵 알레흐뚜흐 드 프러미예흐 끌라쓰 뿌흐 쎄울
Un aller-retour de première
classe pour Séoul.

▼ 당신들의 책임입니다.

쎄드보트흐 헤스뽕싸빌리떼
C'est de votre responsabilité.

유용한 표현

▶ 죄송하지만 예약이 되어있지 않습니다.

엑스뀌제 모아, 메 일니아빠 보트흐 농 쉬흐 라 리스뜨
Excusez-moi, mais il n'y a pas votre
nom sur la liste.

▼ 그럴 리가 없습니다.이미 확인을 하였습니다.

쎄 빠 뽀씨블. 쥬 레 흐 공피흐메
C'est pas possible. Je l'ai confirmé.

부 록

. . . .

프랑스어 카드
도움되는 한·프어휘

환전할 때

프랑스어를 몰라도 이 카드를 이용
하면 환전 할 수 있습니다.

▷▶ Changez cet argent en euros.
이 돈을 유로로 바꿔주십시오.

✚ Billet 지폐
- ☐ 500 Euros 500유로 _____ billet(s)
- ☐ 200 Euros 200유로 _____ billet(s)
- ☐ 100 Euros 100유로 _____ billet(s)
- ☐ 50 Euros 50유로 _____ billet(s)
- ☐ 20 Euros 20유로 _____ billet(s)
- ☐ 10 Euros 10유로 _____ billet(s)
- ☐ 5 Euros 5유로 _____ billet(s)

✚ Pièce 동전
- ☐ 2 Euros 2유로 _____ pièce(s)
- ☐ 1 Euro 1유로 _____ pièce(s)
- ☐ 50 Euro centimes 50유로쌍띰 _____ pièce(s)
- ☐ 20 Euro centimes 20유로쌍띰 _____ pièce(s)
- ☐ 10 Euro centimes 10유로쌍띰 _____ pièce(s)
- ☐ 5 Euro centimes 5유로쌍띰 _____ pièce(s)
- ☐ 2 Euro centimes 2유로쌍띰 _____ pièce(s)
- ☐ 1 Euro centime 1유로쌍띰 _____ pièce(s)

Total 합계 _____ euro(s)

▷▶ Donnez-moi le reste en petite monnaie.
나머지는 잔돈으로 주십시오.

매표소에서 아래를 작성하여 보여
주십시오.

▷▶ Billets pour _____s'il vous plaît.
_____ 행을 주십시오.

☐ Adulte ____ billet(s) ☐ Enfant _____ billets
어른 ____ 장   아이 _____ 장

☐ Aller-retour _____   ☐ Aller simple _____
왕복   편도

☐ Date 날짜

월	일	시간
____ Mois	____ jour	____ heure
____ Mois	____ jour	____ heure
____ Mois	____ jour	____ heure

☐ Fumeurs 흡연석   ☐ Non-fumeurs 금연석
☐ Première classe 1등석 ☐ Deuxième classe 2등석
☐ Wagon-lit 침대차

▷▶ Ecrivez le tarif, s'il vous plaît.
요금을 써 주십시오.

Total 합계 _____

도난 / 분실

▷▶ _____ 를 잃어버렸습니다.

J' i perdu
☐ mon passeport 여권
☐ mon chèque de voyage 여행자수표
☐ mon appareil de photo 카메라
☐ ma portefeuille 지갑
☐ ma carte de crédit 신용카드
☐ mon sac 가방
☐ mon billet d'avion 항공권
☐ _____ 기타

▷▶ _____ 에서 도난당했습니다.

On me l'a volé(e)
☐ dans le bus 버스 안에서
☐ dans le métro 지하철에서
☐ à la gare 역에서
☐ aux toilettes 화장실에서
☐ dans la rue 길에서
☐ _____ 기타

▷▶ _____ 에 연락해 주십시오.

Téléphonez

☐ à la police 경찰서

☐ à l'Ambassade de Corée 한국대사관

☐ à ce numéro 이 번호로

☐ Tél:_____
미리 연락할 곳을 적어놓자

▷▶ _____ 를 써 주십시오.

Donnez-moi

☐ l'attestation de vol 분실증명서

☐ l'attestation d'accident 사고증명서

☐ _____ 기타

▷▶ _____ 를 재발행 해 주십시오.

Redélivrez

☐ le chèque de voyage 여행자수표

☐ le passeport 여권

☐ la carte de crédit 신용카드

☐ _____ 기타

아플 때

병원에서 아래 사항에 체크해서
주십시오.

document personnel 신상기록

- **Nom** 이름: _____ 불어로
- **Age** 연령: _____
- **Sexe** 성별: ☐ M 남자   ☐ F 여자
- **Nationalité** 국적: coréenne 한국인
- **Groupe sanguin** 혈액형: _____
- **Numéro de Police.** 보험증서번호: _____
- **Compagnie d'assurances** 가입 보험회사: _____

▷▶ _____ 가 많이 아픕니다.

☐ J'ai mal à l'oreille gauche 왼쪽 귀
☐ J'ai mal à la jambe droite 오른쪽 다리
☐ J'ai mal au bras. 팔
☐ _____ 기타

▷▶ 여기가 _____ 합니다.

J'ai   ☐ le vertige 현기증이 나다
       ☐ froid 한기가 들다
       ☐ la nausée 토할 것 같다
       ☐ sommeil 나른하다
       ☐ _____ 기타

아픈 부분을 손으로 가리키며 보여
주십시오.

▷▶ 최근에 수술을 받은 적이 있습니다.
J'ai suivi une opération.
□Oui 네   □Non 아니오

▷▶ _____ 부터 몸이 좋지 않습니다.

Depuis □ aujourd'hui 오늘
        □ hier soir 어젯밤
        □ 3 jours 3일 전
        □ une semaine 일주일 전
        □ _____ 기타

▷▶ 여행을 계속 해도 좋습니까?
Je peux continuer à voyager?
□Oui 네   □Non 아니오

▷▶ 보험금 청구를 위하여 진단서, 청구서, 혹은 영수증 작성
을 부탁드립니다.
Veuillez délivrer le certificat médical
ou la facture pour le remboursement.

처방

▷▶ _____ 다시 오십시오.

Revenez
- ☐ demain 내일 à _____ heure(s) 시간
- ☐ dans trois jours 3일 후에
- ☐ _____

▷▶ _____ 일간 안정을 취해 주십시오.

Reposez-vous pendant
- ☐ _____ jour(s) 일
- ☐ _____ semaine(s) 주

▷▶ 약을 식사 전(후)에 _____씩 복용하십시오.

Prenez ce médicament
- ☐ après repas 식후
- ☐ avant repas 식전
- ☐ une fois par jour 하루에 1번
- ☐ fois par jour 하루에 ~번

여행자메모

•성 : •이름 :	•생년월일 　　　　/　　　　/
•국적 :	•직업 :

•나이 :	•성별 : 　□ 남자 　□ 여자	• 혈액형 :

• 긴급연락처

현지 연락처 ☎	국내 연락처 ☎

•현주소 :

•여권번호 :

•항공권번호 :

•신용카드 번호 :

•여행자수표 번호 :

•해외여행보험 번호 :

•현지 여행사 연락처 :　　　　　　　담당자 이름:

*여권과 비행기표는 반드시 복사해 둘 것!!

환전할때

승차권
구입

도난/분실

아플때

처방

여행자
메모

도움되는
한프어휘

부록

도움되는
한프어휘

한국어 　　프랑스어

ㄱ

한국어	프랑스어
가게	부띠끄 **boutique**
가격표	에띠께뜨 뒤 프히 **étiquette du prix**
가까운	프호슈 **proche**
가다	알레 **aller**
가득한	쁠랭(랜) **plein(e)**
가렵다	그하뜨호 **gratter**
가루	뿨드호 **poudre**
가방	싹 **sac**
가볍다	레줴(호) **léger(ère)**
가솔린	에썽쓰 **essence**
가을	오똔느 **automne**
가이드	기드 **guide**

한국어	프랑스어
가족	파미으 **famille**
가죽	뀌흐 **cuir**
가짜	이미씨따씨용 **imitation**
가치	발뢰흐 **valeur**
간	프와 **foie**
간결한	쌩쁠 **simple**
간단한	파씰 **facile**
간호원	앵피흐미애흐 **infirmière**
갈색	브헝(휜느) **brun(e)**
갈아타다	샹줴 **changer**
감각	썽쓰 **sens**
감기	휨/그히쁘 **rhume/grippe**
값	프히 **prix**
강	히비에흐 **rivière**
강한	포흐(뜨) **fort(e)**
같다	맴므 **même**
같은	빠헤이으 아 **pareil à**

한국어	쉬앵 발음 / 프랑스어		한국어	발음 / 프랑스어

개	쉬앵 chien
개인	앤디비뒤 individu
거리(街)	휘/아브뉘 rue/avenue
거스름돈	샹쥬 change
거울	미호와호 miroir
거의	프해스끄 presque
거절하다	호퀴제 refuser
거주자	아비떵(뜨) habitant(e)
거짓말	멍쏭쥬 mensonge
건강	썽떼 santé
건널목	빠사쥬 삐에똥 passage pièton
건물	바띠멍 bâtiment
건조한	쎄(슈) sec(che)
걷다	막쉐 marcher
검역소	라자헤 lazaret
검은	누와호 noir(e)
게이트	뽀흐드 porte

겨울	이베호 hiver
겨자	무따흐드 moutarde
결정	데씨지용 décision
결혼	마히아쥬 mariage
경마	꾸흐쓰 드 슈보 course de chevaux
경찰관	아졍 드 뽈리쓰 agent de police
경찰서	꼬미싸히아 commissariat
경치	뻬이자쥬 paysage
계산하다	꺌뀔레 calculer
계약(서)	꽁트하 contrat
고기	비엉드 viande
고려하다	꽁씨데헤 considérer
고속도로	오또후뜨 autoroute
고장중	엉 빤느 en panne
고층빌딩	그하뜨 씨엘 gratte ciel
고향	빠트히 patrie
곧은	드화(뜨) droit(e)

환전할때
승차권
구입
도난/분실
아플때
처방
여행자
메모
도움되는
한프어휘

부록

한국어	프랑스어
골동품	엉띠끼떼 antiquités
골프	골프 golf
공공의	쀠블릭(끄) public(que)
공부하다	에뛰디에 étudier
공손하게	뽈리멍 poliment
공연	흐프헤정따씨옹 représentation
공원	빠흐끄 parc
공항	아에호뽀흐 aéroport
과로	엑쎄 드 트하바이으 excès de travail
과세	딱싸씨옹 taxation
과일	프휘 fruit
과자	갸또 gâteau
관광	뚜히즘 tourisme
관광버스	오또꺄흐 드 뚜히즘 autocar de tourisme
관세	두완느 douane
광장	쁠라쓰 place
교외	벙리유 banlieu
교차점/사거리	꺄푸흐 carrefour
교환원	오뻬하트히쓰 opératrice
교환하다	에셩줴 échanger
교회	에글리즈 église
구급차	엉뷜렁쓰 ambulance
구두	쇼쒸흐 chaussures
구멍	트후 trou
구입하다	아슈떼 acheter
국내의	앵떼히외흐 intérieur(e)
국적	나씨오날리떼 nationalité
국제의	앵떼흐나씨오날 international(e)
굴해산물	위트흐 huitre
굴뚝	슈미네 cheminée
굽다	뀌흐/그히예 cuire/griller
굽다/돌다	뚜흐네 tourner

궁전	palais (빨래)
귀	oreille (오헤이으)
귀걸이	boucle d'oreille (부끌 도헤이으)
귀중품	objet de valeur (오브줴 드 발뢰흐)
규칙	règle (헤글)
그램	gramme (그함)
그리다	dessiner (데씨네)
그림	peinture (뺑뛰흐)
그림엽서	carte postale (꺅뜨 뽀스딸)
그림책	livre d'images (리브흐 디마쥬)
극장	théâtre (떼아트흐)
금	or (오흐)
금발	blond(e) (블롱(드))
금지하다	interdire/défendre (앵떼흐디흐/데펑드흐)
급행열차	expresse (엑쓰프헤쓰)
기념비	monument (모뉘멍)

기념일	anniversaire (아니벡쌔흐)
기다리다	attendre (아떵드흐)
기대하다	espérer (에스뻬헤)
기분나쁜	désagréable (데자그헤아블)
기쁜	heureux(se) (외회(즈))
기숙사	dortoir (도흐뜨와흐)
기온	température (떵뻬하뛰흐)
기입하다	remplir (형쁠리흐)
기침	toux (뚜)
기혼의	marié(e) (마히에)
기회	occasion (오꺄지옹)
기후	climat (끌리마)
긴	long(ue) (롱(그))
긴급	urgence (위흐졍쓰)
옷의깃	col (꼴)
깊은	profond(e) (프호퐁(드))
잠을깨다	réveiller (헤베이에)

환전할때
승차권 구입
도난/분실
아플때
처방
여행자 메모
도움되는 한프어휘
부록

깨닫다	꽁프헝드흐 comprendre
꽃	플뢰흐 fleur
꽃집	플뢰히스뜨 fleuriste
끌다	띠헤 tirer
끓다	부이이흐 bouillir

ㄴ

나라	뻬이 pays
나무	아흐브흐 arbre
나쁘다	모베(즈) mauvais(e)
나이든	아줴 âgé(e)
낚시	뻬슈 pêche
날/일	쥬흐 jour
날것의	크휘 cru
날다	볼레 voler
날씨/시간	떵 temps

날짜	다뜨 date
남성의	옴므/마스뀔랭 homme/masculin
남기다	래쎄 laisser
남쪽	쉬드 sud
남편	마히 mari
낮은	바(쓰) bas(se)
냄비	꺄쓰홀 casserole
내과의사	줴네할리스뜨 généraliste
내리다	데썽드흐 descendre
내의	쑤베뜨멍 sous-vêtement
냄새	오되흐 odeur
냅킨	쎄흐비애뜨 serviette
냉난방장치	끌리마띠죄흐 climatiseur
냉장고	헤프히줴하뙤흐 réfrigérateur
넓은	라흐쥬 large
넓히다	에떵드흐 étendre

한국어	프랑스어
네크리스	꼴리에 collier
넥타이	크하바뜨 cravate
노래하다	성떼 chanter
노력	에포흐 effort
노크하다	프하뻬 frapper
녹색	베흐(뜨) vert(e)
농구	바스켓볼 basketball
농부	페흐미에 fermier
농장	페홈므 ferme
높은	오(뜨) haut(e)
눈	외이으/외 oeil/yeux
눈썹	쑥씨 sourcil
늦은시간	따흐 tard

ㄷ

다른	오트흐 autre
다르다	디페헝(뜨) différent(e)

한국어	프랑스어
다리	정브 jambe
다리	뽕 pont
다리미	페흐 아 흐빠쎄 fer à repasser
닦다	에쒸이예 essuyer
단순한	쌩쁠 simple
단추	부똥 bouton
닫다	페흐메 fermer
달걀	외프 oeuf
달콤한	쒸크헤 sucré
닭고기	뿔레 poulet
담배	씨갸헤뜨 cigarette
대단히	트헤 très
대답하다	헤뿅드흐 répondre
대사관	엉바싸드 ambassade
대접	오스삐딸리떼 hospitalité
대학	위니벡씨떼 université
더러운	쌀 sale

환전할때
승차권
구입
도난/분실
아플때
처방
여행자
메모
도움되는
한프어휘

부록

한국어	프랑스어
더운	쇼 **chaud**
던지다	렁쎄/쥬떼 **lancer/jeter**
도기	뽀뜨히 **poterie**
도둑	볼뢰호 **voleur**
도서관	비블리오떼끄 **bibliothèque**
도움되다	위띨 **utile**
도중하차하다	앵떼홍프흐 락띠비떼 **interrompre l'activitê**
도착하다	아히베 **arriver**
독신의	쎌리바떼호 **célibataire**
독특한	오히쥐날/위니끄 **originalce/unique**
돈	아호정 **argent**
돌아가다	헝트헤 **rentrer**
돕다	애데 **aider**
동물	아니말 **animal**

한국어	프랑스어
동전	배애쓰/모내 **pièce/monnaie**
동쪽	에스뜨 **est**
돼지고기	뽀오 **porc**
두꺼운	에뻬(쓰) **épais(se)**
두다	매트흐 **mettre**
두통	말드 떼뜨 **mal de tête**
둥근	홍(드) **rond(e)**
드레스	호브 **robe**
들어가다	엉트헤 **entrer**
등	도 **dos**
등산	알삐니즘 **alpinisme**
디스코텍	디스꼬떼쓰 **discothèque**
디자인	대쌩/모댈 **dessin/modèle**
디저트	데쎄호 **dessert**
따뜻한	쇼(드) **chaud(e)**
땅	때호 **terre**
때때로	드떵정떵 **de temps en temps**

떨어뜨리다	똥베 tomber

ㄹ

라디오	하디오 radio
라이터	브히께 briquet
램프	뤼미애흐 lumière
로비	알 hall
루즈	후류 아래브흐 rouge à lèvres
루트	후뜨 route

ㅁ

마루	쁠렁쉐 plancher
마시다	브와흐 boire
마약	드호그 drogue
마요네즈	마이요내즈 mayonnaise
만나다	헝꽁트헤 rencontrer
만들다	패흐 faire

만족하다	쓰 꽁떵떼 se contenter
만지다	뚜쉐 toucher
많은	보꾸 드 beaucoup de
말하다	빠흘레/디흐 parler/dire
맛보다	구(구떼) goût(goûter)
맛있는	델리씨외(외즈) délicieux(se)
맞다	아부와흐 avoir
매니큐어	베흐니 자 옹글르 vernis à ongles
맥박	뿌 pouls
맥주	비애흐 bière
머리	떼뜨 tête
머리카락	슈브 cheveux
머플러	에샤흐쁘 écharpe
먹다	멍줴 manger
멀다	로앵 loin
멋진	쉭/슈에뜨 chic/chouette
메뉴	깍뜨 carte

한국어	프랑스어
메시지	메싸쥬 message
면도하다	쓰 하제 se raser
면세의	데딱쎄 détaxé(e)
명료한	끌래흐 clair(e)
모든	뚜 tout
모습	피귀흐 figure
모양	포흠므 forme
모으다	하마쎄 ramasser
모자	샤뽀 chapeau(x)
모텔	모뗄 motel
모포	꾸베흐뛰흐 couverture
모피	푸휘흐 fourrure
목	꾸 cou
목구멍	고흐쥬 gorge
목격자	떼모앵 témoin
목적지	데스띠나씨옹 déstination

몸	꼬흐 corps
묘지	씸띠애흐 cimetière
무거운	루흐(드) lourd(e)
무게	뿌와 poids
무대	쌘 scène
무릎	쥬누 genou(x)
무엇	꾸와 quoi
문	뽀흐뜨 porte
문방구점	빠쁘뜨히 papeterie
문제	프호블램므 problème
문화	뀔뛰흐 culture
미술관	뮈제 (다흐) musée (d'art)
미용실	쌀롱 드 꾸와퓌흐 salon de coiffure
민예품	오브줴 다흐 objet d'art
밀다	뿌쎄 pousser

ㅂ

한국어	발음	프랑스어
바다	매흐/오세엉	mer/océan
바닥	퐁	font
바람	벙	vent
바쁘다	오뀌뻬	occupée
바지	뺑딸롱	pantalon
박물관	뮈제	musée
반	무와띠에	moitié
반대편의	오뽀제	opposée
반바지	깔쏭	caleçon
반복하다	헤뻬떼	répéter
반지	바그	bague
받다	흐쓰부와흐	recevoir
발	삐에	pied
발레	발레	ballet
발코니	발꽁	balcon

한국어	발음	프랑스어
발행하다	쀠블리에/에매트흐	publier/émett
밝다	끌래흐	clair
밤	뉘이	nuit
방	성브흐	chambre
방문하다	비지떼	visiter
방해하다	데헝줴	déranger
방향	디핵씨옹	dírection
배	바또	bateau
배구	볼레 볼	volley ball
배달	리브헤종	livraison
배드민턴	바드민똥	badminton
백화점	그헝 마가쟁	grand magasin
버스	오또뷔스	autobus
버터	뵈흐	beurre
번호	뉘메호	numéro
번화가	꺅띠에 아니메	quartier animé
벌레	베호민	vermine

한국어	프랑스어
벗다	쓰 데자비예 se déshabiller
베개	오헤이에 oreiller
베이컨	바꽁 bacon
벤치	방 banc
벨트	쌍뛰흐 ceinture
벽	뮈흐 mur
변비	꽁스띠빠씨옹 constipation
별	에뚜왈 étoile
병	부떼이으 bouteille
병원	오삐딸 hôpital
병이 든	말라드 malade
보기 흉한	래(드) laid(e)
보내다	엉부와이예 envoyer
보다	부와흐 voir
보도	트호뚜와흐 trottoir
보석	비쥬 bijou(x)

한국어	프랑스어
보여주다	몽트헤 montrer
보증하다	갸헝띠에 garantir
보통의	오흐디내흐 ordinaire
보험	아쒸헝쓰 assurance
보호	프호떽씨옹 protection
복잡한	꽁쁠리께 compliqué(e)
볼펜	스떨로 아 비이으 stylo à bille
봄	프헝떵 printemps
봉투	엉블로쁘 enveloppe
부끄러운	애트흐 옹뙤(뙤즈) être honteux(se)
부드러운	무(몰) mou(molle)
부르다	아쁠레 appeler
부모	빠헝 parent
부인	팜므 femme
부유한	히슈 riche
부츠	보뜨 botte

한국어	발음	프랑스어
북극	뽈 노흐	pôle nord
북쪽	노흐	nord
분수	퐁땐느	fontaine
분실물취급소	뷔호 데 조브제 트후베	bureau des objets trouvés
분위기	앗모스패흐	atmosphère
분홍색	호즈	rose
불다	쑤플레	souffler
불편한	앵꼬모드	imcommode
붕대	벙다쥬	bandage
브래지어	수띠앵 고흐쥬	soutien gorge
브랜디	오드비	eau-de-vie
브레이크	프행	frein
브로치	브호슈	broche
블라우스	슈미지에	chemisier
비누	싸봉	savon
비상구	쏙띠 드 쓰꾸흐	sortie de secours

한국어	발음	프랑스어
비슷한	썽블라블 아	semblable à
비싼	쉐흐	cher
비용	프해	frais
비자	비자	visa
비행기	아비용	avion
속이빈	비드	vide
빌리다	엉프행떼	emprunter
빌려주다	프해떼	prêter
빗	뺀뉴	peigne
빠른	하삐드	rapide
빨강	후쥬	rouge
빨리	비드	vite
빵	뺑	pain
빵집	불렁쥬히	boulangerie

ㅅ

사건	아패흐 affaire
사고	악씨딩 accident
사과	뽐므 pomme
사과하다	쎅스뀌제 s'excuser
사다	아슈떼 acheter
사무소	뷔호 bureau
사용하다	위띨리제 utiliser
사진	포또 photo
산	몽딴뉴 montagne
살다	아비떼 habiter
상세	데짜이으 détail
상아	이부와흐 ivoire
상의	베스뜨 veste
상인	막성(드) marchand(e)

상점	마가쟁 magasin
상처	블래쮜흐 blessure
상	프히 prix
새	우와조 oiseau(x)
새로운	뇌프(쓰)/누보(벨) neuf(ve)/nouveau(velle)
새우	크흐배뜨 crevette
색깔	꿀뢰흐 couleur
샌드위치	썽드위치 sandwich
샐러드	쌀라드 salade
샐러리맨	쌀라히에 salarié(e)
생각하다	뺑쎄 penser
생략하다	쒸프히메 supprimer
생일	아니백쎄흐 anniversaire
샤베트	쏘흐베 sorbet
샤워	두슈 douche
샴페인	성빤뉴 champagne

샴푸	성뿌앵 shampooing	성공하다	헤위씨흐하트 réussir	
서다	쓰 르베 se lever	성냥	알뤼매뜨롱 allumette	
서명	씨냐뛰흐 signature	성별	섹쓰 sexe	
서비스	쎄흐비쓰 service	성인	아뒬뜨 adulte	
서핑	쁠렁슈 아 부왈 planche à voile	세계	몽드 monde	
선금	아벙쓰 avance	세관	두완느 douane	
선명한	비프(브) vif(ve)	세우다	바띠흐 bâtir	
선물	까도 cadeau	세탁	블렁쉬흐히 blanchisserie	
선반	헤영 rayon	셀프서비스	쎌프 쎄비쓰 self-service	환전할때 승차권 구입
선택하다	슈와지흐 choisir	셔츠	슈미즈 chemise	도난/분실 아플때
설명	익스쁠리까시옹 explication	셔터	데끌렁쉐흐 déclancheur	처방 여행자 메모
설사	디아헤 diarrhée	소	뵈프 boeuf	
설사약	메디까멍 꽁뜨흐 라 디아헤 médicament contre la diarrhée	소개	프헤장따시옹 présentation	도움되는 한프어휘
설탕	쒸크흐 sucre	소금	쎌 sel	부록
성castle	샤또 chateau(x)	소매	망쉬 manche	
성공	쒹세 succès	소매치기	삐끄뽀께 pickpocket	
		소방서	뽕삐에 pompier	

한국어	프랑스어
소스	쏘쓰 sauce
소시지	쏘씨쓰/쏘씨쏭 saucisse/saucisson
소파	까나뻬 canapé
소포	빠께 paquet
속달	엑쓰프해쓰 exprès
속하다	아빠뜨니흐 아 appartenir à
손	맹 main
손가락	두와 doigt
손님	비지뙤흐 visiteur
손목	뿌와니에 poignet
손바닥	뽐므 paume
솔	브호쓰 brosse
쇠고기	뵈프 boeuf
쇼	스뻭따끌 spectacle
쇼핑	쇼삥 shopping

숄더 백	싹껑 벙둘리애호 sac en bandoulière
수數	뉘메호 numéro
수리	헤빠하씨용 réparation
수면제	쏨니패흐 somnifèrt
수수료	꼬미씨용 commission
수수한	쏘브흐 sobre
수염	바흐브/무쓰따슈 barbe/moustache
수영	나따씨용 natation
수영복	마이요드 뱅 maillot de bain
수영장	삐씬 piscine
수예품	우브하쥬 마뉘엘 ouvrage manuel
수족관	아꾸와히움 aquarium
수표	쉐끄 chèque
수프	수쁘 soupe
수화물	바가쥬 bagage
숙고하다	헤플래쉬흐 réfléchir

슈트케이스	발리즈 valise	스푼	뀌이애흐 cuillère
슈퍼마켓	쉬뻬흐막쉐 supermarché	슬픈	트히스뜨 triste
스낵바	뷔페 buffet	승객	빠씨줴(호) passager(ère)
스웨터	쀨 pull	승마	에끼따씨용 équitation
스위치	앵떼힙뙤흐 interrupteur	시	빌르 ville
스카치	스꼿치 scotch	시각표	오해흐 horaire
스카프	에샤흐쁘 écharpe	시간	떵 temps
스커트	쥐쁘 jupe	시계/손목시계	
스케이트	빠띠나쥬 patinage		오흘로쥬/몽트흐 horloge/montre
스키	스끼 ski	시끄러운	브휘이엉(뜨) bruyant(e)
스타디움	스따드 stade	시원한	프해(슈) frais(frîche)
스타킹	꼴렁 collant	시장	막쉐 marché
스테이크	스떽끄 steak	시차	데꺌라쥬 오해흐 décalage horaire
스튜어디스	오떼쓰 들래흐 hôtesse de l'air	시청	오땔드 빌 hôtel de ville
스튜어드	스뜌아흐드 steward	식기	배쎌 vaisselle
스파게티	스빠게띠 spaghetti	식당	쌀라멍줴 salle à manger
		식료품	알리멍/누히뛰흐 alliment/nourriture

식료품점 · épicerie (에삐쓰히)

식물원 · jardin botanique (자흐댕 보따닉)

식사 · repas (흐빠)

식중독 · intoxication alimentaire (앵똑씨까씨옹 알리멍때흐)

신고 · déclaration (데끌라하씨옹)

신맛의 · aigre (애그흐)

신문 · journal (쥬흐날)

신분증명서 · carte d'identité (꺅뜨 디덩띠떼)

신청하다 · demander (드멍데)

신호등 · feu (푸)

실수 · erreur (애회흐)

실제 · vrai (브해)

실크 · soie (수와)

심장 · coeur (꾀흐)

심한 · terrible (때히블)

싸다 · être bon marché (애트흐 봉막쉐)

싼값의 · pas cher (빠 쉐흐)

쌀 · riz (히)

쓰다 · écrire (에크히흐)

쓰레기통 · poubelle (뿌벨)

쓴 · amer(ère) (아메흐)

씻다 · laver (라베)

아는 사람 · connaissance (꼬내썽쓰)

아마 · probablement (프호바블르멍)

아버지 · père (빼흐)

아스피린 · asperine (아스삐힌)

아이스크림 · des glace (데 글라쓰)

아침식사 · petit-déjeuner (쁘띠 데죄네)

아프다 · souffrir/avoir mal (스프히흐/아부와흐 말)

한국어	발음	프랑스어
악세사리	악쎄쓰와흐	accessoires
악수하다	쎄해 라 맹	serrer la main
안경	뤼네뜨	lunettes
안내	헝쎄이뉴멍	renseignement
안약	꼴리흐	collyre
안전	쎄뀌히떼	sécurité
앉다	싸쑤와흐	s'asseoir
알다	싸부와흐	savoir
알레르기	알래흐쥐	allergie
알리다	아농쎄/아프헝드흐	anoncer/apprendre
암	껑쎄흐	cancer
야구	베이즈볼	baseball
야채	레귐므	légume
약	메디꺄멍	médicament
약국	파흐마씨	pharmacie
약속	프호매쓰	promesse

한국어	발음	프랑스어
만날약속	헝데부	rendez-vous
약한	패블	faible
얇다	맹쓰	mince
양量	껑띠떼	quantité
양말	쇼쎄뜨	chaussettes
양복	베스똥/꽁쁠레	veston/complet
양복점	따이외흐	tailleur
양상치	래뒤	laitue
양파	오뇽	oignon
어깨	에뿔	épaule
어두운	쏭브흐	sombre
어려운	디피힐	difficile
어린이	엉펑	enfant
어머니	매흐	mère
어패류	뿌와쏭 에 꼬끼야쥬	poisson et coquillage
언어	렁그	langue

환전할때
승차권 구입
도난/분실
아플때
처방
여행자 메모
도움되는 한프어휘
부록

한국어	프랑스어
얼굴	비자쥬/피귀흐 visage/figure
얼다	쥴레 geler
얼마	껠끄 quelque
얼음	글라쓰 glace
에스컬레이터	에스깔리에 엘렉트히끄 escalier électrique
엘리베이터	아썽쐬흐 asenseur
여관	오배흐쥬 auberge
여권	빠스뽀흐 passeport
여성의	팜므(페미냉) femme/féminin
여행	부아야쥬 voyage
여행사	아정쓰 드 부아야쥬 agence de voyage
여행자	뚜히스뜨 touriste
여행자 수표	쉐끄 드 부아야쥬 chèque de voyage
여행하다	부아야줴 voyager

역	갸흐 gare
역사적인	이스또히끄 historique
연극	삐애쓰 pièce
연기하다	흐따흐데 retarder
연락	꼬뮈니꺄씨옹 communication
연장하다	프홀롱줴 prolonger
열	피애브흐 fièvre
열다	우브히흐 ouvrir
열쇠	끌레 clef
색이엷은	끌래흐 clair(e)
염좌捻挫	엉또흐쓰 entorse
엽서	꺅뜨 뽀스딸 carte postale
영사관	꽁쓸따 consulta
영수증	흐쉬 reçu
영향	앵플뤼엉쓰 influence
영화	필므 film
영화관	씨네마 cinéma

환전할때
승차권
구입
도난/분실
아플때
처방
여행자
메모
도움되는
한프어휘

부록

한국어	프랑스어
위대한	그형(드) **grand(e)**
위스키	위스끼 **whisky**
위장약	메디꺄멍 뿌호 레스또마 **médicament pour l'estomat**
위험	덩줴 **danger**
유람	엑스뀌씨옹 **excursion**
유리컵	배흐 **verre**
유명한	파뫼(즈)/쎌래브호 **fameux(se)/célè bre**
유원지	빠흐끄 다트학씨옹 **parc d'attraction**
유적	휘인 **ruines**
은	아호졍 **agrent**
은행	벙끄 **banque**
은행원	엉쁠루와이에 드 벙끄 **empoyé(e) de banque**
음료	부와쏭 **boisson**
음악	뮈지끄 **musique**

응급처치	프허미에 수앵 **premiers soins**
의미하다	씨니피에 **signifier**
의사	매드쌩 **médecin**
의자	쉐즈 **chaise**
이기다	갸녜 **gagner**
이동하다	쓰 데쁠라쎄 **se déplacer**
이름	농 **nom**
이발	꾸쁘 드 슈부 **coupe de cheveux**
이발사	꾸와푀흐 **coiffeur**
이빨	덩 **dents**
이쑤시개	뀌흐 덩 **cure-dent**
2인실	셩브흐 아 두 리 **chambre à 2 lits**
이해하다	꽁프헝드흐 **comprendre**
인공의	악띠피씨앨 **artificiel(le)**
인상	앵쁘해씨옹 **impression**
인형	뿌뻬 **poupée**
일	트하바이으 **travail**

일방통행	썽쓰 위니끄 sens unique
일어나다	쓰 프흐뒤흐 se produire
일용품	악띠끌 뒤자쥬 articles d'usage
1인실	셩브흐 아 앵 리 chambre à 1 lit
일출	오브 aube
읽다	리흐 lire
입	부슈 bouche
입구	엉트헤 entrée
입국	엉트헤 entrée
입다	뽀흐떼 porter
입장	엉트헤 entrée

ㅈ

자동차	부와뛰흐 voiture
자동판매기	디스트히뷔뙤흐 distributeur
자르다	꾸뻬 couper
자연재난	꺌라미떼 나뛰헬 calamité naturelle

자전거	비씨끌래뜨 bicyclette
자주	쑤벙 souvent
작은	쁘띠(뜨) petit(e)
잔돈	모내 monnaie
잠옷	삐자마 pyjama
잠자다	도흐미흐 dormir
잡다	아헤떼/아트하뻬 arrêrter/attraper
잡지	마갸진 magazine
장갑	겅 gants
장난감	쥬에 jouet
장소	쁠라쓰/엉드후아 place/endroit
재떨이	썽드히에 cendrier
재발행	에매트흐 드 누보 émettre de nouveau
재즈	쟈즈 jazz
잼	꽁피뛰흐 confiture
쟁반	쁠라또 plateau

환전할때
승차권
구입
도난/분실
아플때
처방
여행자
메모
도움되는
한프어휘

부록

한국어	프랑스어
저녁식사	디네 **dîner**
적당한	꽁브나블 **convenable**
전시	엑스뽀지씨옹 **exposition**
전지	삘 **pile**
전화	뗄레폰 **téléphone**
전화번호부	아뉘애호 드 뗄레폰 **annuaire de téléphone**
절약	에꼬노미 **économie**
젊은	쥔느 **jeune**
점원	엉쁠루와이에 드 마갸쟁 **employé(e) de magasin**
접시	아씨애뜨 **assiette**
정류장	아헤 드 뷔스 **arrêt de bus**
정말로	브해멍 **vraiment**
정보	헝쎈뉴멍 **renseignement**
정상	쏘메 **sommet**
정식	므뉘 **menu**

정원	쟈흐댕 **jardin**
정육점	부슈히 **boucherie**
정직한	오네뜨 **honnête**
정찬	디네 **dîner**
정확히	에그작뜨멍 **exactement**
젖은	무이예 **moullié(e)**
제안하다	프호뽀제 **proposer**
제외하다	엑스끌뤼흐 **exclure**
제한	리미뜨 **limite**
조각	스뀔뛰흐 **sculpture**
조금	앵 뾔 **un peu**
조끼	베스뜨 **veste**
조미료	아쎄죤느멍 **assaisonnement**
조심	프헤꼬씨옹 **précaution**
조용한	트헝낄 **tranquille**
조정	헤글레 **régler**
좁은	에트화(뜨) **étroit(e)**

한국어	프랑스어
종류	쏘흐뜨/정흐 sorte/genre
종이접시	아씨애뜨 드 빠삐에 assiette de papier
종이컵	고블레드 빠삐에 goblet de papier
좋은	봉(본느) bon(ne)
좌석	씨에쥬 siège
주週	스맨느 semaine
주다	도네 donner
주류酒類	알꿀 alcool
주문	꼬멍데 commander
주소	아드헤쓰 adresse
쥬스	쥐 jus
주차	쓰 갸헤 se garer
준비	프헤빠하씨옹 préparation
중국	쉰- Chine
중세의	메대에발 médiéval(e)
중요한	앵뽀흐땅 important

한국어	프랑스어
즐기다	싸뮈제 s'amuser
증명서	쎄흐띠피꺄 certificat
증상	쌩똠므 symptôme
지갑	뽀흐뜨피이으 portefeuille
지구	때흐 terre
지도	쁠렁 plan
지름길	하꾸흐씨 raccourci
지방의	로꺌 local(e)
지배인	줴헝(뜨) gérant(e)
지불하다	뻬이에 payer
지식	꼬내썽쓰 connaissance
지역	헤지옹 région
지위	뽀지씨옹 position
지진	트헝블르멍 드 때흐 tremblement de terre
지폐	비에 billet
지하	쑤쏠 sous-sol

환전할때

승차권
구입

도난/분실

아플때

처방

여행자
메모

도움되는
한프어휘

부록

한국어	프랑스어

직업	메띠에 métier
진실	베히떼 vérité
진열	디스뻰지씨옹 disposition
진주	뻬흘르 perle
진찰	꽁쒈따씨옹 consultation
진통제	껄망 calmant
질質	깔리떼 qualité
질문	께스띠옹 question
집	매종 maison
짙은	퐁쎄 foncé(e)
짧은	꾸흐(뜨) court(e)

차장	꽁트홀뢰흐 contrôleur
찬성하다	꽁썽띠흐 consentir
창문	프내트흐 fenêtre

찾다	쉐쉐 chercher
책	리브흐 livre
천천히	렁뜨멍 lentement
철도	슈맹 드 패흐 chemin de fer
청결한	프호프흐 propre
청구서	빡뛰흐 facture
청구하다	헤끌라메 réclamer
청량음료	하프해쉬쓰멍 rafraîchissement
청소	네뚜와이야쥬 nettoyage
초대	앵비따씨옹 invitation
초콜렛	쇼꼴라 chocolat
최근	헤싸멍 récemment
최대의	막씨멈 maximum
최소의	미니멈 minimum
최후의	데흐니에(흐) dernier(ère)
추가의	쉬빨래멍때흐 supplémentaire

추억	쑤브니흐 souvenir	치통	말로 덩 mal aux dents
추운	프화(드) froid(e)	친절	정띠이에쓰 gentillesse
축제	페뜨 fête	침대	리 lit
축하하다	셀래브헤 célébrer	칫솔	브호쓰아 덩 brosse à dents
출구	쏘흐띠 sortie		

출국카드	꺅뜨 덩바흐끄멍 carte d'embarquement	카드	꺅뜨 carte
출발	데빠흐 départ	카메라	아빠헤이 드 포또 appareil de photo
출입국관리 꽁트홀 드 리미그하씨옹 레미그하씨옹 contrôle de l'immigration et l'émigration		캬바레	꺄바헤 cabaret
출혈	에모하쥐 hémorragie	카지노	까지노 casino
춤	덩쓰 danse	커피	꺄페 café
충분한	아쎄 assez	컵	베흐/따쓰 verre/tasse
취미	구 goût	케이블카	뗄레페히끄 téléférique
취소	아뉠라씨옹 annulation	케이크	갸또 gâteau
치료하다	트해떼 traiter	케첩	켓첩 ketchup
치즈	프호마쥬 fromage	코	네 nez

한국어	프랑스어
코냑	꼬냑 cognac
코트	멍또 manteau
콘서트	꽁쎄흐 concert
콜렉트콜	뻬쎄베 P.C.V
쾌적한	꽁포흐따블 comportable
크기	따이으 taille
크레디트카드	까흐뜨 드 크헤디 carte de crédit
크림	크햄 crème
큰	그헝(드)/라호쥬 grand(e)/large
키가큰	그헝(드) grand(e)
큰소리로	아 오뜨 부와 à haute voix
클럽	끌럽 club

E

| 타다 | 몽떼 monter |

타월	쎄흐비애뜨 serviette
탈것	베이뀔 véhicule
탑	뚜흐 tour
탑승	엉바흐끄멍 embarquement
탑승권	꺅뜨 덩바흐끄멍 carte d'embarquement
택시	딱씨 taxi
테니스	떼니쓰 tennis
텔레비젼	뗄레비지옹 télévision
토마토	또마뜨 tomate
토스트	또스뜨 toast
토하다	보미흐 vomir
통과	빠싸쥬/트헝지뜨 passage/transit
통로	꿀루와흐 couloir
통화	모내 꾸헝뜨 monnaie courante
특별한	스뻬씨알 spécial(e)
튼튼한	호뷔스뜨 robuste

초보여행자도 한번에 찾는다

티 – 셔츠	띠셔호 T-shirt
티켓	비예 billet
팁	뿌호부와호 pourboire

ㅍ

파란	블루 bleu(e)
파이	따흐뜨 tarte
파티	쑤와헤 soirée
판매	벙뜨 vente
판자	쁠렁슈 planche
팔다	벙드흐 vendre
팔찌	브하쓸레 bracelet
패션	모드 mode
팸플릿	브호쉬호 brochure
퍼레이드	데필레 défilé
퍼머	뻬흐마넝뜨 permanente
편견	프헤쥐제 préjugé

편리한	꼬모드 commode
포도주	뱅 vin
포장하다	엉발레 emballer
포크	푸흐쉐뜨 fourchette
포터	뽀흐뙤흐 porteur
포함	앵끌뤼흐/꽁프헝드흐 inclure/comprendre
표현하다	엑스프히메 exprimer
품목	까떼고히 데 작띠끌 catégorie des articles
프론트	헤쎄씨옹 réception
프로그래머	프호그하뫼흐 programmeur
프로그램	프호그함 programme
피	썽 sang
피로	파띠그 fatigue
피로하다	파띠게 fatigué(e)
피부과	데흐마똘로쥐 dermatologie

환전할때
승차권
구입
도난/분실
아플때
처방
여행자
메모
도움되는
한프어휘

부록

한국어	프랑스어
피자	삐짜 pizza
피하다	에비떼/쀠이흐 éviter/fuir
피하다	에비떼 éviter
필름	펠리뀔 pellicule
필요로하다	아부와흐 브주앵 드 avoir besoin de

ㅎ

하다	패흐 faire
하얀	블렁(슈) blanc(che)
한가운데	밀리유 milleu(x)
한가한	리브흐 libre
할인	헤뒥씨옹/흐미즈 réduction/remise
항공우편	빠하비용 par avion
항구	뽀흐 port
해年	아네/엉 année/an

해산물	프휘드 메흐 fruits de mer
해안	쁠라쥬/꼬뜨 plage/côte
해열제	페브히쀠쥬 fébrifuge
햄	졍봉 jambon
행운의	성쐬(즈) chanceux(se)
향수	빠흐팽 parfum
허가	페흐미씨옹 permission
헤엄치다	나줴 nager
헤어스타일	끄와쀠흐 coiffure
현금	에스빼쓰 espèce
현기증	베흐띠쥬 vertige
현지의	로꺌 local
혈압	떵씨옹 악떼히엘 tension artérielle
호텔	오뗄 hôtel
홍차	떼 thé
화난	파쉐 faché(e)
화려한	부와이엉(뜨) voyant(e)

화산	볼껑 volcan	후추	뿌와브흐 poivre
화상	브휠뤼흐 brûlure	후회하다	흐그헤떼 regretter
화장실	뚜왈렛 toilettes	훌륭한	마니피끄 magnifique
화장품	프호뒤이드 보떼 produit de beauté	휴가	바깡쓰 vacances
화재	푸 feu	휴게실	쌀 드 헤크헤아씨옹 salle de récréation
확인	꽁피흐메 confirmer	휴대품보관소	꽁썽뉴/베스띠애흐 consigne/vestiaire
환불하다	항부쎄 rembourser		
환율	또드 성쥬 taux de change	휴식	흐뽀 repos
환전소	뷔흐드 성쥬 bureau de change	휴양지	발네에 balnéaire
		휴일	쥬흐 페히에 jour férié
회복	게히흐 guérir	휴지	빠삐에 이줴니끄 papier hygiénique
회사	쏘시에떼/꽁빠뉴 société/compagnie	흐림	뉘아죄(즈) nuageux(se)
회상하다	쓰 쑤브니흐 드 se souvenir de	흡연하다	퓌메 fumer
회색의	그히(즈) gris(e)	흥미깊은	앵떼헤썽 intéressant
회의	꽁페헝쓰 conférence	희극	꼬메디 comédie
회화	꽁벡싸씨옹 conversation	희망	에스뿌와흐 espoir

저자 좋은 친구들
발행일 2024년 5월 10일   발행인 김인숙   발행처 (주)동인랑
Printing 삼덕정판사

01803
서울시 노원구 공릉동 653-5
대표전화 02-967-0700   팩시밀리 02-967-1555   출판등록 제 6-0406호

©2024, Donginrang, Co., Ltd.
ISBN 978-89-7582-671-9

 인터넷의 세계로 오세요!   www.donginrang.co.kr
webmaster@donginrang.co.kr

(주)동인랑에서는 참신한 외국어 원고를 모집합니다.

잘못된 책은 교환해 드립니다.